公共施設の再編を問う

「地方創生」下の統廃合・再配置

森 裕之 著
Mori Hiroyuki

自治体研究社

『公共施設の再編を問う』目次
——「地方創生」下の統廃合・再配置——

はじめに——いまなぜ公共施設の再編・統廃合なのか—— 5
1．自治体政策の焦点　5
2．自治体政策の結節点としての公共施設問題　7
3．経済財政政策と公共施設　10
4．本書の視角　12

第1章　公共施設とは何か 13
1．公共施設をめぐる問い　13
2．公共施設の本質と役割　14
　⑴基本的人権の保障／⑵公民性（citizenship）の涵養／⑶本源的な価値
3．共同資産としての公共施設　21
4．公共施設とコミュニティ　23
5．公共施設のあり方は住民自らの課題　24

第2章　地方創生と公共施設 25
1．地方創生における「選択と集中」　25
2．公共施設の財政抑制　27
3．「人口減少社会」と地域・公共施設の再編　29
　⑴「増田レポート」／⑵地方自治法改正／⑶都市再生特別措置法改正／⑷「骨太の方針2014」／⑸「日本再興計画（改訂2014）」／⑹「国土のグランドデザイン2050」
4．地方創生と公共施設　39
　⑴「まち・ひと・しごと創生」と総合戦略／⑵「まち・ひと・しごと創生基本方針2015」——地方創生の本音——

第3章　公共施設と地方財政改革 45
1．公共施設等総合管理計画の概要　45
2．公共施設等総合管理計画と地方財政措置　48
3．地方財政制度改革と公共施設　51
4．重層的行財政構造の中の公共施設　55

第4章　公共施設の再編・統廃合——先行事例から学ぶ—— 57
1．公共施設の再編・統廃合のメニュー　57
2．公共施設の全体マネジメント——相模原市・さいたま市・秦野市——　58
　⑴相模原市——「公共施設白書」による全体像の把握——／⑵さいたま市／⑶秦野市

3．個別施設マネジメントによる公共施設の廃止―浜松市―　69
  4．公共施設の住民自治計画―飯田市―　72
  5．公共施設と住民自治　74
終章　賢い縮小（スマート・シュリンク）へ向かって………………………77
  1．縮小（シュリンク）する社会　77
  2．スマート・シュリンク（賢い縮小）　78
    (1)まちづくり／(2)歴史的価値／(3)納得から融和へ
  3．国への対峙と自治の視点　84
あとがき………………………………………………………………………………87

はじめに―いまなぜ公共施設の再編・統廃合なのか―

1．自治体政策の焦点

　全国の地方自治体で公共施設の再編・統廃合の問題が顕在化してきています。本書でも詳しくみていきますが、現在すべての自治体において「公共施設等総合管理計画」の策定が進められています。それは、これまで十分な管理やマネジメントがなされてこなかった公共施設等の総点検を国が自治体に求めたものです。しかも、ここには公共施設の縮減を取り入れることが要請されています。

　さらに、いまの自治体の公共施設問題は単なる施設の運営や更新という枠組みにとどまらないものです。もちろん、公共施設の統廃合等には大きな社会的・経済的影響がともなうという問題があり、それは自治体として適切に政策的対応をとっていかなければならないものです。しかし、いまの公共施設の問題にはさらに大きな枠組みとして国の「地方創生」政策と密接に関係づけられている側面があるのです。本書においても、現政権最大の国内政策といってよい「地方創生」とのつながりの中で、公共施設の問題を論じていきたいと思います。

　国や自治体は、住民生活や企業活動に不可欠な公共建造物（社会資本）を整備しています。これらは大きく分けると、道路・橋梁・港湾・上下水道などの公共土木施設（インフラ）と庁舎・学校施設・社会教育施設・図書館・福祉施設・文化施設・体育施設・公営住宅・観光施設などの公共施設（ハコモノ）に分類することができます。本書でも、「公共施設」という言葉はこの「ハコモノ」を意味するものとして使用し、公共土木施設を含めた社会資本全体を

「公共施設等」と総称することにします。公共施設等総合管理計画においても、すべての社会資本を示す意味として「公共施設等」という言葉が用いられています。

さて、公共施設等の中で、自治体関係者や住民に対して切迫した課題としてせまられているのは公共施設（ハコモノ）の再編です。その理由は、公共土木施設（インフラ）と公共施設の機能の違いにあります。道路や上下水道に典型的にみられるように、公共土木施設は地域間や住民間を結ぶネットワークとして機能しています。その一部が欠けてしまえば、関係する住民はこれらの施設を利用することができなくなり、途端に生活困難に陥ってしまいます。住民がインフラ・ネットワークから排除されてしまえば、生存権そのものが脅かされてしまうのです。だからこそ、自治体にはあらゆる住民に対して生活に必要な公共土木施設をネットワークとして供給することが義務づけられているのです。したがって、同じ社会資本でも公共土木施設については廃止することは基本的に考えられず、それらに対しては適切なマネジメントを継続していくしかありません。しかし、公共施設はそのような強いネットワークとして機能するものではなく、住民の権利や利便性に対する配慮ができれば、それらを廃止するという選択がありうるのです。ここに、公共施設に対して強い政策的対応が求められている理由があります。

公共施設のあり方をめぐっては、今後数十年の間、全国の自治体において様々な動き、ないしは「政争」が噴出してくるのは必至です。この問題に適切に対処し、将来的にも住民が幸福に暮らせる地域を維持するためには、議会、行政、住民などの関係者による真摯

1 　自治体によってはゴミ焼却場等を「プラント施設」として、公共土木施設や公共施設と異なった種別に分類しているところもあります。
2 　このことは公共土木施設にとどまらず、電気などの民間公益事業に対しても同様の義務づけがなされています。

かつ誠実な取り組みが避けられません。

2．自治体政策の結節点としての公共施設問題

　それでは、なぜ公共施設の問題が自治体政策として重大で切迫した課題になっているのでしょうか。それは、自治体や住民生活が直面している様々な政策課題が、結節点に集まるかのように公共施設の問題に収れんしているからです。

　第一に、私たち住民の様々な基本的人権の保障や公共的必要性という点から、公共施設を何らかの形で維持していかなければならないことです。公共施設はそれぞれが特定の公共目的をもって建設・運営されています。学校は、初等教育や中等教育を行うための施設です。公民館は、社会教育や住民集会の場として活用されるものです。図書館は、読書を通じた住民の学習や趣味を支えることを主な目的にしています。公立病院は個々の住民の疾病治療や健康管理に貢献するのみならず、地域の公衆衛生に対する監視と対応を使命としています。住民は自らの発達段階やときどきの必要・関心に応じて様々な公共施設を利用し、そこでの活動を通じて市民としての総合的な発達の過程を歩んでいくことになります。大げさにいえば、私たち一人一人が人間としての発達を遂げていくための全面的支援を担っているのが公共施設だといえます。したがって、その廃止や再編が起こるということは、私たち自身の生涯を通じた発達や向上が阻害されかねないことを示唆します。公共施設の問題の最も重要かつ端的なポイントがここにあります。

　第二に、私たちが暮らす地域やコミュニティの問題に公共施設が密接に関係していることです。公共施設は地域におけるコミュニティの拠点になっていることが少なくありません。これが最も明確にあらわれるのは学校とくに小学校であるといってよいでしょう。日

本の市町村はもともと学校の運営規模にあわせる形でつくられてきました。明治にそれまでの自然村が行政村へと再編される際には、市町村が小学校を運営するのにふさわしい規模を想定して合併が行われています。昭和の市町村合併では、新制中学校の運営に合わせて自治体の再編が実施されました。つまり、学校と基礎的自治体は一体的な出自をもってきたといっても過言ではありません。かつて学校を運営していた旧町村はすでに合併によって新しい市町村の一地域となっているところも多いのですが、いまもかつて自治体であったときのように強いコミュニティが持続している状況がみられます[3]。その際に、コミュニティの重心ともいえる役割を学校という公共施設が果たしているのです。また、学校以外にも、地域の公民館や福祉施設がこのようなコミュニティの重心になっている例も少なくありません。

第三に、自治体財政がひっ迫している状況において、公共施設に関係する財政支出が今後の歳出抑制に貢献する余地が大きいことです。公共施設に関連する財政負担には、その建物に直接的に関係する建設費や維持補修費のほかに、人件費、管理委託費、光熱水費などの運営経費があります。さらに、公共施設がコミュニティの重心として地域を形成・維持している場合には、それらの地域の存在によって発生する自治体の財政負担があります[4]。自治体の公共施設の多くは1970年代前後から建設されています。これらの公共施設のライフサイクルは、概ね30年で大規模な改修が必要となり、60年

---

3 日本建築学会でも次のように指摘しています。「小・中学校は子どもだけでなく父母もつながりをもつ地域コミュニティの核として重要な機能を有しており、仮に廃校になっても地域社会を結びつける機能を継承することが求められることが多い」。日本建築学会編『公共施設の再編』森北出版株式会社、2015年、3～4ページ。

4 これとは反対に、コミュニティによって自治体の役割が代替されていることによって、自治体財政の負担が低くなっている場合もあります。これは、自治体の財政負担の問題をとらえる場合に見落とされやすい視点です。

程度で廃止されるというのが一般的です。したがって、近い将来に公共施設の一斉更新（建替え）が起こってくることになります。それにともなって、膨大な建設費が自治体の財政支出や国の補助金として発生してきます。かりに、これらの公共施設を更新しなければ、それにともなう建設費や運営経費が節約できることになります。少子高齢化の進展によって社会保障関連支出の増加が避けられないことに鑑みれば、公共施設に係る財政支出を抑えることは自治体にとっても国にとっても魅力的な方法であることは間違いありません。後にみるように、2014年から喧伝されはじめた「人口減少社会」はこの問題と直結しています。

　第四に、地域活性化という課題からみた公共施設の役割の大きさです。財政ひっ迫の中で、自治体はどこも人員や公共サービスの節減を進めています。そのような状況において、自治体の本来的目的である地域の活性化や発展を推し進めていこうとすれば、行政に代わって住民が主体的な役割を果たしていかざるをえません。その形態は地域としてのコミュニティや分野別の団体としてのNPO・社会的企業など様々ですが、共通する点として「住民が主人公」というスローガンの実践が欠かせません。それは単に首長や政治家を投票で選ぶだけといったお客様意識の民主主義ではなく、地域における様々な問題に主体的に取り組む実践的な民主主義といえるものです。多様な住民と異なる意見の存在を前提としながら、話し合いと熟議に依拠した住民自治に基づいて、住民自らが具体的な地域課題の解決を追求していくことになります。そのための活動の場として、公共施設は大きな役割を果たすことになるのです。自治体にとっては、このような積極的な公共施設の活用の意義を再認識することが喫緊に求められています。

3．経済財政政策と公共施設

　公共施設の問題は現在日本の客観的状況の帰結としての側面がある一方、いまの政権によってつくりだされた課題としての色彩も強くなっています。このことに対して無自覚であることは、自治体や住民が「自治」を知らず知らずのうちに放棄し、主体・主権者としての力を脆弱化させていることを意味します。

　民主党から再び政権を奪い取った第二次安倍政権では、デフレ克服を目指した「アベノミクス」(安倍政権による経済政策パッケージ)を推進しました。それは、異次元の金融緩和、機動的な財政出動、成長戦略のいわゆる「三本の矢」からなるものとして実行されてきました。このうち、公共施設の問題と関係が強いのは、第二の矢と称された機動的な財政出動です。

　第二次安倍政権が生まれる前に、2012年の中央高速道笹子トンネルの天井板崩落のような社会資本の老朽化にともなう事故が起こっていました。公共土木施設の場合には事故が大規模になるので注目されましたが、このような老朽化問題は公共施設でも同様に起こっていました。(5)

　ここでは学校の状況の例をみておきましょう。文部科学省が実施した調査(6)によれば、市区町村が所有管理する公共施設全体の約4割を占める公立小中学校において、建築後25年以上の施設は1億1,000万㎡（全体の約7割）であり、このうち改修が必要とされる老朽施設は1億㎡とほぼ全体に及んでいることがわかりました。また、老朽化が深刻な建築後30年以上の公立小中学校施設は2000年度の19.8％から2010年度には53.5％となり、2015年度には66.5％にの

5　東日本大震災によって天井が崩落して29人が死傷した九段会館の事故も老朽化に原因があったとされています。

6　学校施設の在り方に関する調査研究協力者会議「学校施設老朽化対策ビジョン（仮称）」（中間まとめ）、2012年。

ぼると推計されました。このような学校の経年劣化により、施設のモルタル、タイル、窓などが脱落するなどの事例が2011年度だけでも1万4,000件にのぼっています。これは単純計算すると公立小中学校の実に2校に1件というきわめて高い割合になります。雨漏りや設備機器・配管の破損などの問題事例については、2011年度だけで3万件も発生しています。これらの公立小中学校に対して今後30年間に必要とされる改修・改築経費は、長寿命化対策を行った場合で30兆円、行わない場合では38兆円にのぼると見込まれています。これは学校の事例ですが、同時期につくられた別の種類の公共施設についても当然あてはまる状況です。

そこで安倍政権では「国土強靱化」というフレーズで、災害対策と同時に社会資本の老朽化対策を重点的な財政支出の対象に位置づけました。膨大な補正予算による公共事業の実施とともに、それまでの補助金の枠組みを変更して、「防災・安全交付金」を国庫支出金の主要なものへと再編しました。このような国の対応が必要なのは、公共事業のおおよそ8割は地方自治体によって整備されており、いくら国がかけ声をあげても実際に自治体が動かなければ公共事業の実施は進まないからです[7]。

しかし、このような財政支出は経済政策の喧噪が冷めるやいなや、再び財政の締め付けへと舵が切られることになります。政府がその代わりに持ち出してきたのが地方創生であり、この中に公共施設の再編・統廃合が意図的に組み込まれるようになりました。国は様々な地方財政措置を通じて、自治体の公共施設の再編・統廃合を促し、それによって地域再編を推し進めようとしはじめたのです。こうし

7　この時期の国と自治体の社会資本政策については、拙稿「社会資本と地方自治」(平岡和久・自治体問題研究所編『新しい時代の地方自治像と財政』自治体研究社、2014年、所収)を参照してください。

た状況におかれた自治体と住民が、公共施設と地域の問題にどのように適切に対処できるのかは、地方自治の根幹に関わる全国的課題です。

4．本書の視角

　公共施設に関する本や論文は近年多く出されています。また、本書でも取り上げる自治体のように、すでに先行して公共施設の再編・統廃合を推進しているところもあります。これらに共通する特徴は、それらが行政の立場からみたマネジメントの対象として公共施設をとらえる視点が強いことです。

　しかし、公共施設は究極的には住民のものです。したがって、本来的には公共施設は住民による自治計画として位置づけられなければならないはずです。逆にいえば、このような視点を欠いた公共施設の再編・統廃合計画は早晩行き詰まるか、行政と地域住民との間で深刻な対立を引き起こす可能性が強いといわざるをえません。

　公共施設の再編・統廃合の課題は住民自治の問題であり、住民自らが学習して行政と協力して取り組んでいかなければならないものです。以下では、このような立場から公共施設の問題について論じていきたいと思います。

第1章　公共施設とは何か

1．公共施設をめぐる問い

　公共施設の再編・統廃合が全国的な問題となるなか、各地では「公共施設がなくなれば不便になる」「公共施設の廃止は地域社会を破壊する」「公共施設がなくなるとコミュニティが失われる」などという声が聞こえてきます。これらはいずれもその通りでしょうが、では、もし行政が「この公共施設は民間企業に譲渡して、そこで運営してもらいます」と言えばどのように反論するのでしょうか？その企業が自治体の直営のときと同じようにその施設を運営すれば、問題は解消されるでしょうか？このような質問に答えるのは簡単ではなく、そこで立ち止まってしまいそうです。さらには、「ダメだからダメ」といった、前提＝結論の非論理的な感情をあらわにするだけになってしまうかもしれません。また、「市役所は行政が執務を行うだけだから、わざわざ庁舎を建てなおさなくても民間のビルを借りたらいいのではないか」という意見も出されています。その方が税金の節約になるという論理です。これに反論するのも容易ではありません。極端な場合には、「行政がつくった施設なのだから、それに従うしかないのではないか」といった諦観に近い声も聞こえてきます。

　しかし、多くの方々はこのような公共施設の扱い方や捉え方に何か釈然としないものを感じると思います。その釈然としないものこそが、「公共施設とは何か」という本質的な問いに迫るための重要な鍵をにぎっています。公共施設の再編・統廃合が一気に進もうとしている今、この根本的な問いについてあらためて考えておくこと

が肝要です。さもなければ、実際に公共施設の再編問題が起こったときに、住民として理性的に対処することができなくなってしまい、体のいい「専門家」や官僚と論争することができなくなってしまうからです。その場合には、行政に対して力任せの感情論で対峙してしまうことになり、行政と住民との間の信頼関係が大きく損なわれてしまいます。それは将来の地域再生・活性化へ向けた土壌を劣化させてしまうことを意味します。

そこで本章では地方自治体を念頭において、あらためて「公共施設とは何か」を考えていきたいと思います。

2．公共施設の本質と役割

地方自治体が管轄する公共施設は、地域の住民が共同で利用することを前提としています。住民が個人で使用するのは一般の住宅のようなケースです。経済学ではこのような共同利用する施設等を公共財とよんでいます。それは住民が共同需要をもっている財であり、公共施設にもそのような公共財としての性質があるのは間違いなさそうです。だからこそ、自治体が税金をつかって公共施設を供給しているのです。

しかし、それだけでは公共施設の本質をとらえたとはいえません。公共施設が住民による共同利用のためのものだとしても、なぜわざわざ自治体がそれをつくらなければならないのかの説明が欠けているからです。例えば、住民が共同で使うからといって、自治体がゲームセンターを整備・管轄するなどということはありません。そこには、一般の公共施設とその他の施設との違いがあるはずです。

以下では、この問題を掘り下げて考えていきましょう。

（1） 基本的人権の保障

　自治体（行政）による公共施設の整備・管轄が必要なのは、何よりも住民に対して等しく基本的人権を保障することが求められているからです。それは一つには、住民の発達や向上のための様々な条件を公共施設が提供していることがあります。教育、学習、福祉、文化、体育などはいずれも私たちの暮らしに不可欠なものであり、これらを様々な公共施設によって支えることは自治体の重要な責務です。これは「自治体が公共施設を整備・管轄する」ことのシンプルでわかりやすい理由です。

　しかし、これらの公共施設の役割は民間施設で代替できるものかもしれません。実際に教育や福祉にも民間事業者は数多く存在していますし、プールのような体育施設も民間事業者による運営が盛んです。「民間の施設だとお金がかかる」という主張に対しても、行政が「利用に際しては補助金を支給しましょう」と言えば、議論は終わってしまうような感じがあります。

　実は、公共施設には基本的人権の保障に関わる別の深い意味がそなわっています。これこそが自治体による管轄が要請されるより根本的な理由になるものです。この点を考察するために、次のような例を考えてみましょう。

　ある自治体が老朽化した文化ホールを持っているとします。その文化ホールでは、成人式をはじめとした市の行事や、市民による様々な活動やイベントが行われていました。ところが、この自治体の財政はひっ迫しており、この老朽化した文化ホールの建替えを実施するかどうかの判断が迫られています。

　こうした中、その自治体の区域内に企業が入る巨大な業務ビルが建設されることになり、その中には自治体の文化ホールと同規模のホールも設置されることがわかりました。自治体はビル管理会社と

交渉し、市のイベントや市民の活動にもそのホールを利用できる協約を取り付けることに成功しました。これによって、自治体は文化ホールを建て替えずに、それを解体撤去して、跡地を売却することにしました。

　さて、上記の例について、私たちはどのように考えたらよいのでしょうか。文化ホールの機能からすれば、同じもの（さらに言えば最新のもの）が市の中にでき、しかもそれを市民も利用することができるのですから、自治体の文化ホールを廃止しても問題ないように思えます。しかし、ここで決定的に異なっているのは、そのホールを管轄する権限が自治体から企業へ移ったことです。つまり、そのホールを貸し出すことを決める最終的な権限は企業の側にあって、自治体にはないということです。そのために、企業側が住民のホール使用目的を自分たちの意にそぐわないと判断すれば、その貸し出しを拒否することができます。[8]

　地方自治法第244条「公の施設」には、次のような条文があります。

1. 普通地方公共団体は、住民の福祉を増進する目的をもってその利用に供するための施設（これを公の施設という。）を設けるものとする。
2. 普通地方公共団体（次条第３項に規定する指定管理者を含む。次項において同じ。）は、正当な理由がない限り、住民が公の施設を利用することを拒んではならない。

8　最近では、「安全保障関連法に反対する学者の会」が学生団体SEALDsとの共催で企画したシンポジウムを東京の大手私立大学が「純粋な学術内容でない」という理由で会場使用を不許可にしました。その際に「学外の宗教、学術、教育、芸術その他学校が適当と認めた会合に限り許可する」という基準があったとされています。これは、大学の会場の使用許可が限定的なものであることを端的に示しており、企業の場合でもまったく同じことが起こりえます。

3. 普通地方公共団体は、住民が公の施設を利用することについて、不当な差別的取扱いをしてはならない。

　ここで着目していただきたいのは、第2項と第3項です。ここには、自治体は（反社会的な破壊活動などの）正当な理由がなければ、住民の公共施設の利用を拒否したり、その利用において差別的な扱いをしてはならないことが明確に記されています。これは憲法が国民に対して保障している集会の自由や表現の自由といった基本的人権を守ることを自治体の責務として定めていることをあらわしています。自治体は誰もが有する基本的人権を保障するために、住民を決して差別的に取り扱ってはならないのです。これこそが、現代の自治体＝公共団体であることの矜持にほかなりません。

　筆者は最近、各地において自治体が「政治的中立性」を盾にして、公共施設における反戦や護憲の企画や展示を自治体が認めないということが平然と行われはじめていることに重大な危惧を覚えています[9]。彼らは、自分たちが公共施設の管轄権を濫用して住民を差別的に取り扱うことで、地方自治法や憲法を無視していることに気づいていないといえます。このような状況が自治体の体質としてまん延すれば、地域社会の中における自由な言論の場は失われてしまいます。それは自治体自らが民主主義を破壊することにほかならず、地方自治の自殺といっても過言ではありません。

（2）　公民性（citizenship）の涵養

　さらに踏み込んで、自治体が住民による公共施設の利用を拒否したり、差別的な扱いをしてはならないことのより積極的な理由を考

9　2015年に起こった事件についてみれば、松本市が市の管轄する松本駅通路施設において、戦争反対を訴えるパネル展示を「政治性が濃い」という理由で通路の使用許可を取り消しています。姫路市では、労働組合が呼びかけた駅前文化祭に対して市が会場使用の取り消しを行っています。

えてみましょう。この点について、まず各種の住民団体などが公共施設を利用する状況からみてみたいと思います。

　私たちが誰かと一緒に公共施設を利用する際には、何か共通の目的を持っています。例えば、クラブでスポーツを一緒に行ったり、文化活動を共同で実施したりするといった具合です。それらの活動には、自分たちがそれを楽しむという目的のほかに、同じ共通の目的をもつ仲間との交流という意味が含まれています。個人はそれぞれが異なった特殊な存在ですから、このような交流を通じて他人のことを知り理解して、社会についての認識を広げていきます。また、公共施設を利用する中で、自分たち以外の様々な活動を行っている諸団体の存在にも気づくことがあります。これによって、私たちは自分たちの活動領域の外に広がる多くの住民の営為にも触れることになります。

　このような「他者への認知」は、同じ施設で長い時間をともに過ごす場合には、さらに深甚なものとなります。その典型が公立学校です。

　公立の小学校には、その地域に住む子どもたちが通ってきます。子どもたちは家庭環境、家計所得、親の職業、宗教、出身地、国籍、心身の発達、病気・障害の有無など、それこそ千差万別です。私たち大人もそうですが、子どもたちも全員が異なった特殊な存在であり、真空管の中で育ってきたような「中立な人間」など誰一人として存在しません。そのような「特殊な人間」同士がともに暮らすのが社会です。つまり、公立小学校は子どもたちにとっての社会そのものなのです。子どもたちは学校での生活を通じて、社会とは何かを学んでいるのです。

　このことについて、ハーバード大学の政治学教授であるマイケル・サンデルは、アメリカにおいて公民性・共同性を復権させると

いう立場から次のように述べています。「公立小学校の公共的な性格は、その財源ばかりでなくその教育のあり方の中にも存在した。少なくとも理想的には、そこはすべての階級の子どもたちが交流し、民主主義的な公民性の習慣について学ぶ場であった。公立の公園や運動場でさえ、かつては単なる娯楽の場所としてばかりでなく、公民的なアイデンティティ、近所づきあい、そして共同体を促進させる空間として見なされたこともあったのである[10]」。これは、公立小学校のような地域の公共施設が、社会の階層や立場を超えた相互理解と共同性の促進を目的としていたことを示しています。

サンデルは、人々が共有すべき公民性を強化しようとすれば、所得分配とは関係のない共同体の諸制度、つまり、公立学校、図書館、公園、コミュニティ・センター、公共交通機関などの「様々な階級の人々が交流する制度」が促進されなければならないと述べています[11]。サンデルは道徳哲学の観点から、社会には「共通善」が必要であり、そのためには人々による熟議が不可欠だとしています。この「共通善」は、健康、育児、教育、環境、芸術、市民の義務といった公共的な領域を中心としたものです。サンデルはそのための前提条件として、自治体には健全な公民性を醸成する積極的な政策が求められるとしました。逆に彼は、市場原理主義が容認する所得格差の拡大や地域の棲み分けなどは、公民性の破壊を通じて共同体を分裂させるものとして、厳しく批判しています。

つまり、公共施設とは、住民が同じ社会に暮らす者同士として相互に認識・理解し合い、互いのことを思慮しながら、一緒に社会を

10　Sandel, J. Michael (1996) *Democracy's Discontent: America in Search of a Public Philosophy*, The Belknap Press of Harvard University Press. マイケル・J・サンデル、小林正弥監訳『民主政の不満　公共哲学を求めるアメリカ（下）』勁草書房、2011年、263ページ。

11　*Ibid.*, 邦訳書、264〜265ページ。

健全なものとして発展させていくための手段なのです。それは、公共施設という社会装置を通じた公民性の涵養という機能にほかなりません。この公民性の発達は、社会に絶えず生じる政治的・経済的な混乱に対する拮抗力として働くことにもなります。そこには人々が団結する条件がそなわるからです。自治体はそのような公共施設の機能維持を社会から信託されているのです。

公共施設は、共同で暮らす人間にとって、社会に必然的に組み込まれたものだといえます。そのため、他のもので代替したり、社会から切り離したりすることができない存在なのです。

（3）本源的な価値

公共施設の中にはそのものとして価値をもつものがあります。例えば国会議事堂を取り上げてみましょう。これはどの国にも存在する公共施設であり、人々も本源的な価値を見出しているものです。それは「国会議員はちゃんと働いていない」とか「今の政治は自分の希望どおりに動かない」といった個人の尺度だけでは測れないものです。それは国家と社会のシンボルであり、また民主主義の象徴になるものです。同じように、個人の尺度や関心とは離れて存在する価値を持つものとしては環境や芸術などが挙げられるでしょう。[12]

この問題を市役所の庁舎におきかえてみましょう。国会議事堂と同じように、市庁舎も私たち住民の自治のシンボルであるとすれば、個人の好みや感情とは別のものとして、そこには本源的にそなわっている価値があると考えるのは自然なことだといえます。逆にいえば、自治体はそのような住民の思いに値する姿勢や取組を保持しつ

---

12 Skidelsky, Robert & Edward Skidelsky (2013) *How Much is Enough?*, Penguin, ロバート・スキデルスキー＆エドワード・スキデルスキー、村井章子訳『じゅうぶん豊かで、貧しい社会』筑摩書房、2014年。

づける努力をしていくことが求められるでしょう。

　市役所や町村役場の庁舎は、英語で city hall や town hall と呼ばれます。これは、庁舎が人々の集まるホール（広間）であることをあらわしています。人々がそこに集まるのは、社会のルールや規範の形成、将来へ向けた政策決定などを話し合い（熟議）によって実現するためです。これが住民自治＝民主主義の原理的な姿です[13]。庁舎を売却して、商業ビルのテナントを借りて行政を遂行するというアイデアが出されたりすることがありますが、「市庁舎とは何か」という原点に立ち返ったときに、このような考えがいかに浅薄なものであるかがわかるのではないでしょうか。

3．共同資産としての公共施設

　これまでの公共施設をめぐる議論においては、整備・管轄する自治体と利用する住民という二つの関係主体が出てきました。公共施設が本来の機能を発揮するうえでは、自治体と住民はいずれも不可欠な存在です。

　ところが、いまの各地の動きをみていると、公共施設のあり方に対する関係の度合いは自治体の側に著しく偏っており、住民はほとんど関与できていません。自治体は公共施設の処分権限が自らに付与されているように行動するとともに、他方で住民はその存続や利用許可を要求するのみで、自分たちの「共同資産」として公共施設を理解していないように感じられます。もし、こうした現状認識が間違っていないとすれば、これから起こってくる公共施設の再編・統廃合の問題を考えた場合にきわめて深刻だといわざるをえません。

13　このような庁舎の理念を日本で最初に建築様式として示したのは大阪市でした。それまでの官庁建物は中庭に回廊を設けたものでしたが、戦前の大阪市においては市庁舎を東西南北の四方に入口を設け、どこからでも中心にある広間にアクセスできるようにしました。この建築様式は現在の大阪市庁舎にも引き継がれています。

自治体（行政）による公共施設のマネジメント計画が上意下達の強いベクトルによって進められていきかねないからです。

　さらに、住民が公共施設を自分たちの共同資産であると理解することは、公共施設の再編・統廃合を契機として自治力を高め、それを地域発展の手段として自らが活用していくための基盤となります。人口が減少し、自治体の財政や人員が縮減していく状況においては、このような住民自治の積極的な発現が地域の将来にとって決定的に重要な要素になります。つまり、公共施設の統廃合を自治体や地域にとってマイナスにするのもプラスにするのも、住民自治の強靱さと、それを引き出す自治体の力によるのです。

　もともと自治体と住民とは相互補完的な存在です。自治体は住民の共同生活を支えるための専門組織としてつくりだされたものです。その運営の経緯を通じて自治体は権力性を強めていくことになりますが、原理的には自治体は住民に信託された政治行政組織です。ですので、相互が関係する公共施設についても、自治体が住民の信託に十分に応えられない状況になれば、住民がそれを自らの課題として受けとめ、その再編や再生の方策を検討しなければなりません。そのような住民の意志を実現するために自治体が可能なかぎり支援することが、本来的な公民連携であるといえるのです。公共施設の統廃合は自治体の課題であるだけでなく、住民自らの問題でもあるのです。

　どのような資産にも共通することですが、共同資産にはそれを適切に維持したり、地域のために活用したりといった義務がともないます。それによって、住民同士も相互の関わりを強め、地域社会の規範や見解を形成していくことになります。

4．公共施設とコミュニティ

　公共施設はコミュニティの形成に重大な影響を及ぼします。先にとりあげた市庁舎などはもちろんそうですが、日本のコミュニティにとって何よりも大きな存在は学校です。

　すでに述べたように、日本の市町村合併は義務教育の運営に合わせる形で進められてきました[14]。そのため、学校は現在の市町村や旧町村にとってはコミュニティの支柱として今も機能していることが多いのです。また、学校を柱とした家族や地域の営みを通じて、そのコミュニティ性は持続する力をもっています。

　しかし、時代の変化にともなって、公共施設が地域社会に対して果たす役割は変わっていかざるをえません。かつては旧町村のシンボル的存在であった小中学校もコミュニティをまとめる機能が脆弱化してきたかもしれません。その度合いは個々の公共施設によって異なるでしょう。

　コミュニティをとりまとめている公共施設はそれ以外にも存在します。地域の公民館や児童福祉施設がコミュニティを支えているケースも少なくありません。地域の図書館がそうした機能を担っていることもあります。その一方、地域でほとんど利用されず、存在価値の薄れた公共施設もあるでしょう。

　しかし、いまなおコミュニティを支えている公共施設がある場合には、その安易な再編・統廃合は地域社会に甚大な影響を及ぼします。そのような影響は必ずしも数値化できるようなものではありませんが、政策を判断するうえではきわめて重要な要素です。なぜなら、地域社会を安定的に持続させていくことは自治体の最も大切な役割だからです。このような事態が予測される場合には、公共施設

14　平成の合併において市町村が合併を選択した最大の理由は財政問題であり、明治・昭和の合併のように重要な行政施策の必要に基づくものではありませんでした。

の再編や統廃合を拙速に進めてはならないことはいうまでもありません。

　また、存在価値の薄れている公共施設については、逆にその積極的な利用方途を見出すことによって、地域のコミュニティを再活性化させるという視点が必要なことがわかります。もし、住民が公共施設をコミュニティ再生の拠点として活用することに取り組もうとするのであれば、自治体はそれをさまざま形で支援するべきです。それによって地域のつながりが回復し、失われかけていた公民性がよみがえってくることが期待されるからです。

　こうした議論は、あらためて公共施設と地域社会の関係の強さを思い起こさせます。このことは、自治体や地域の将来を考える場合に、その中心的な存在として公共施設のあり方を検討することが重要であることを示しています。

5．公共施設のあり方は住民自らの課題

　公共施設の問題は一般的に考えられているよりも複雑なものです。いま全国の自治体は、公共施設の老朽化や稼働率、人口動態、財政見通しなどの客観的な指標でもってそれらの将来の再編や統廃合を考えています。しかし、基本的人権の保障、住民の公共的欲求、公民性の涵養、コミュニティに果たす役割、地域の将来との関係、住民の主体的な力量など、公共施設をとりまく様々な条件や機能を加味した判断が求められます。これらが示唆するのは、行政だけでなく、住民自らが公共施設の問題を自らの課題として受けとめて、そのあり方を考えていかざるをえないという点です。

　さて、次章からは現代日本で進んでいる公共施設の問題とその背景についてみていきます。

第2章　地方創生と公共施設

1．地方創生における「選択と集中」

　アベノミクスによる経済効果は、株高や円安の恩恵を受けるグローバル企業や高所得層など一部の経済主体のみにとどまっています。グローバル企業の業績は大きく伸びていますが、そのほとんどは円安による輸出価格競争力の上昇によるものであって、輸出量そのものは伸び悩んでいます。その一方で、わが国の大部分を占める中小企業は円安による輸入原材料の価格上昇に苦しみ、一般消費者も名目賃金が伸び悩むなかで消費税増税や生活必需品の値上がりによって厳しい生活状況を強いられています。

　このようなアベノミクスの効果を地域的にみれば、東京圏を中心とした大都市部において経済効果がみられる一方で、大部分の地域は依然として厳しい状況が続いています。しかも、後にみるように、東京圏においてもグローバル企業主導型の経済成長モデルが早晩成り立たなくなる状況が迫っています。

　こうした事態に危機感を抱いた安倍政権は、2014年になってから「地方創生」（ローカル・アベノミクス）を政策の柱として掲げることになりました。経済政策の観点からみた場合、これには二つの大きな目的があります。一つは、地方においてはアベノミクスによるトリクルダウン効果（したたり落ちる効果）がみられないことから、直接的に各地域の経済活性化を講じようということです。そしてもう一つは、東京をグローバル経済都市として再編するために、経済生産性・効率性の高いエリアへと一層純化していこうというものです。二番目の点については「地方創生」において明示されることは

ほとんどありませんが、政府が真のねらいとしているものであるといっても過言ではありません。

しかし、2000年代以降に国が財政再建を最重要課題として地方財政を抑制してきた中で、地方創生に係る施策を単純に増加させることは考えられません。国が地域の経済活性化策をとろうとすれば、それに必要な財源をどこかから削って充当することにならざるをえません。つまり、地方創生においては「選択と集中」という論理が取り入れられることになるのです。

この「選択と集中」には二種類のものが並行的に進められています。

第一は、地域の「選択と集中」です。国は経済成長を政策の最優先課題としています。そのため、今後の経済成長を担う可能性のある地域とそうでない地域の峻別がはかられます。具体的には、地方都市、とくに、圏域の中心に位置する母都市に経済成長の役割を期待しています。国は地方都市に社会的資源を集中するために、周辺自治体への資源投入を減少させていこうとします。都市以外の農村等においても、できるだけ地域運営の効率性を上げるために、中心地域への社会的資源の集中がもくろまれています。

第二は、財政削減の「選択と集中」です。少子高齢化が進むなかで、国・地方の財政支出は社会保障費（民生費や扶助費）が急速に増加しています。地方財政においても、高齢者福祉、児童福祉、障害者福祉、生活保護などのあらゆる社会保障分野で財政が膨らんでいます。その一方で、公共事業費（投資的経費）は大きく削減されてきました。しかし、社会資本の老朽化にともなう事故の増加や東日本大震災によって、公共事業が再び増加へと転じはじめています。人件費の縮減も相当進められました。つまり、今後はどの分野の財政支出も削減が難しい状況になっているのです。このような中で、

ほぼ唯一といってよい財政支出の抑制を見込むことができるのが公共施設の削減なのです。

2．公共施設の財政抑制

それでは公共施設の財政はこれからどのような推移を示そうとしているのでしょうか。図表1は、国土交通省が『国土交通白書』（2010年）において、同省が所管する社会資本を対象に、将来の維持管理・更新費（建替費）を推計したものです。ここでは、2010年度以降の投資可能総額の伸びを一定とした場合に、財政がどのような姿になるかが示されています。これによれば、2010年時点の維持管理・更新費は新設費とほぼ同額ですが、2037年度には前者だけで投資可能総額を超えることになります。ここには公営住宅等のほかには公共施設は含まれていませんが、他の公共施設も1960～70年代以降に急速に整備が進められたために、やはり同様の推計が成り立ちます。

図表1　社会資本の維持管理・更新費の将来推計

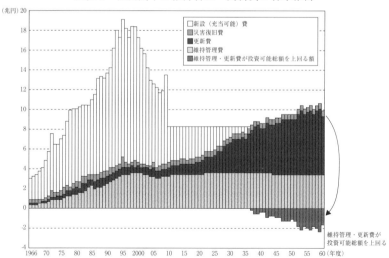

出所）国土交通省『平成21年度　国土交通白書』2010年、35ページ。

さらにこの図を詳しくみれば、社会資本の財政支出の伸び方が維持管理費と更新費とでまったく異なっていることがわかります。将来の社会資本の維持管理費のほとんどは完成した土木施設や公共施設の種類と量によって決定されます。たとえば建設された体育館が老朽化しても、それにともなって管理人の数や消費する光熱水量が大幅に増えるといった事態は生じません。それに対して、社会資本は老朽化すれば、必然的に寿命をむかえることになり、更新＝建替えが必要になります。公共施設についていえば、地方債の償還年限が原則として30年とされていることからもわかるように、30年程度で大規模改修投資が必要となり、さらに60年程度で更新投資をしなければなりません。橋梁や上下水道でも40〜60年程度で更新が必要とされています。公共施設が高度成長期以降に急速に整備されたということは、近い将来これらの更新費が急増することが避けられないことを意味します。その状況が図表1の更新費の急激な伸びにあらわれているのであり、同じことは他の公共施設にもそのまま当てはまります。

　しかし、財政政策の観点からすれば、同じ社会資本でも土木施設と公共施設では更新費に対する政策判断のあり方がまったく異なります。すでに述べたように、道路や水道のような土木施設は個々の家庭や事業所に接続することによってネットワークとして機能しています。しかも、それらは「ライフライン」と呼称されているように、暮らしや企業活動にとっての根幹的な基盤をなしています。そのため、土木施設の欠落や廃止は社会全体に対する影響が甚大になるため、基本的には更新をしないといった政策判断はありえません。これに対して、公共施設は単体として機能を発揮し、その利用についても住民がそれぞれの場所から集まることが前提となっています。この場合には、その公共施設を廃止したとしても、土木施設のよう

なネットワークが断絶するというような社会的影響は生じないため、政策的には更新しないということがありうるのです。ここに、公共施設の抑制が自治体の財政政策の焦点になっている理由があらわれています。

とはいえ、すでに整備された公共施設は老朽化が急速に進んでいるため、それらを利用する住民のニーズを考えれば普通は更新していくという政策判断をする以外にないのではないかと思われます。しかし、公共施設を更新するということは、新しくなった施設をそれまでと同じように利用しつづけるということが前提になります。そこで持ち出されてきたのが「人口減少社会」です。住民（＝利用者）が減少するのに、新しく公共施設を建て替えても無駄になるだけだという論理です。建替えをせずに公共施設の数を減少させれば、更新費に加えて維持管理費も削減することができます。さらに、人口減少に合わせて公共施設を縮減するのであれば、それらを中心的なエリアへ集中させることで、人口や事業所が広がっている地域を狭域なものへと再編する推進力になります。そうすれば、公共サービスの供給における規模の経済性が大きくなり、相対的に安価な財政支出で済ますことが可能になります。

このような地域の「選択と集中」という要素を加えることにより、ようやく国の思惑の総体がみえてくることになるのです。

3.「人口減少社会」と地域・公共施設の再編
（1）「増田レポート」

国立社会保障・人口問題研究所をはじめとした国の各機関では、すでに何年も前から日本の将来人口が大きく減少していくという推計を発表してきました。しかし、それが切迫感をもって多くの人々に受け止められていたとはいえなかったと思われます。そのような

状況を一変させたのが、2014年5月に将来消滅する可能性が高い市区町村を「消滅可能性都市」として名指しした民間シンクタンク「日本創成会議」のレポート（増田レポート）です。

　増田レポートでは、若年女性（20～39歳）人口の将来推計を行い、5割以上減少する896自治体（全体の49.8％）のうち、人口1万人未満となる523自治体（全体の29.1％）は消滅する可能性が高いとしました。ただし、「5割以上減少」や「人口1万人未満」という数値に明確な根拠があるわけではなく、一定の目安として示されているという点には注意が必要です。そのうえで増田レポートでは、日本全体で人口を維持するためには、合計特殊出生率の低い東京が若年人口を吸引する経済社会構造を転換して、地方で若者が働くことができる条件を整備することが必要であるとしました。具体的には、これからの地域政策においては「地方拠点都市」を重視すべきであり、そこを中核とした「新たな集積構造」を構築するために投資と施策の集中が求められるとしました。

　増田レポートは唐突に出されてきたものでは決してありません。それは国が推し進めたいと考える政策と歩調を合わせる形で提言されたものです。このことは、増田レポートが出された直後からの政府の一連の動きをみれば誰の目にも明らかなものとなります。これらを先にみた二つの「選択と集中」という視座から確認していくことにしましょう。[15]

　図表2は増田レポートが出された2014年5月以降の政府による地方創生の関連法令や計画などの流れをまとめたものです。これらの内容を読み解けば、地方創生が本当は何を目的にして、どのよう

---

[15] 「増田レポート」等で強調されている「選択と集中」という理念が、自治や主体性を踏みにじりかねない危険な思考に陥っている点については、山下祐介『地方消滅の罠』（ちくま書房、2014年）を参照してください。

図表2　地方創生の流れ

2014年5月	地方自治法改正
2014年5月	都市再生特別措置法改正
2014年6月	「骨太の方針2014」
2014年6月	「日本再興計画（改訂2014）」
2014年6月	「国土強靱化基本計画」
2014年7月	「国土のグランドデザイン2050」
2014年9月	まち・ひと・しごと創生本部創設
2014年12月	まち・ひと・しごと創生「長期ビジョン」と「総合戦略」

なことを推進しようとしているのかが明らかになります。以下では、とくに公共施設に着目しながら、主な流れを追っていきたいと思います。

（2）　地方自治法改正

　2014年5月の地方自治法改正においては、新たに「連携協約」が制度化されました。これは、自治体が他の自治体と連携して事務処理を行うための基本的方針と役割分担を定めるというものです。同じような事務の共同処理のための仕組みとしては一部事務組合や広域連合がありますが、これらは当該自治体とは別の自治体を立ち上げるものであり、また首長や議会も備えることになるので、手続きが複雑になります。その点で、連携協約には既存の自治体同士の簡素な対応ですむという特徴があります[16]。問題はその目的がどこにあるのかということです。

　連携協約はそれに先だって示された第30次地方制度調査会の答申（2013年6月25日）と密接な関係にあります。同答申においては、人口減少・少子高齢社会における基礎自治体による行政サービスの提供のあり方が審議され、今後は市町村が単独ですべての公共施設

16　連携協約と同じような自治体同士の事務の共同処理の仕組みとしては定住自立圏の枠組みがありましたが、このときには明確な法律上の契約関係の定めがありませんでした。

等を揃える「フルセットの行政」からの脱却をはかるべきだという提言を行いました。そのためには、市町村間および市町村・都道府県間における広域連携が必要であるとの認識が示されました。すなわち、人口が減少しているのであるから、これからは一つの自治体ですべての公共施設や公共サービスをまかなおうなどということは考えずに、自治体同士の施設・サービスを相互利用しあうことによって全体としての施設・サービスの量を削減していく、ということです。公共施設に引きつけていえば、A町とB町がともに少子化で児童・生徒数が減少しているのであれば、A町は小学校だけ、B町は中学校だけをそれぞれ持って、B町の児童はA町の小学校、A町の生徒はB町の中学校に通えばよいではないかということになります。また同答申では、そのような連携のあり方として「地方中枢拠点都市」を中心とすべきだとしており、「増田レポート」の提言とも完全に符合しているといえます。

　このときの地方自治法改正では「事務の代替執行」も制度として創設されました。これは小規模自治体が都道府県などの自治体に事務の一部を委託するというものであり、これも連携協約と同じく第30次地方制度調査会で示された方向性を定めたものです。

（3）　都市再生特別措置法改正

　2014年5月の都市再生特別措置法の改正では、都市計画の方から公共施設の再編・統廃合の方向性が示されました。同改正において最も重要なものが「立地適正化計画」です。立地適正化計画は都市計画の最高規範である都市計画マスタープランに「上乗せ」して定められる市町村の都市計画です。その目的は、①都市全体の観点から、居住機能や福祉・医療・商業等の都市機能の立地、公共交通の充実に関する包括的なマスタープランを作成する、②民間の都市

図表3　立地適正化計画のイメージ

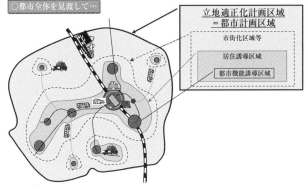

出所）国土交通省資料

機能への投資や居住を効果的に誘導するための土壌づくりを行う、というものです。これをイメージとしてあらわしたものが**図表3**です。

　これをみれば、立地適正化計画の対象となる区域は都市計画区域と同じですが、都市計画区域の中に含まれる市街化区域等の範囲が「居住誘導区域」という形で縮小されていることがわかります。さらに、居住誘導区域の内部には「都市機能誘導区域」が設定されていることが確認できます。

　まず、都市機能誘導区域からみていきましょう。都市機能誘導区域は「生活サービスを誘導するエリア」であり、その中へ福祉・医療・商業等の「（民間）都市機能」を誘導するために設定されます。これらの都市機能の立地促進のために、①誘導施設への税財政・金融上の支援（外から内への移転に係る買換特例税制、民都機構による出資等の対象化、交付金の対象に通所型福祉施設等を追加）、②福祉・医療施設等の建替等のための容積率等の緩和（市町村が誘導用途について容積率等を緩和することが可能）、③公的不動産・低未利用地

の有効活用（市町村が公的不動産を誘導施設整備に提供する場合、国が直接支援）、といった支援措置がとられます。とくに公共施設との関係で重要なのは③であり、自治体の土地を民間へ売却して都市施設を誘致しようとしていることが明確に示されています。また逆に、都市機能誘導区域外に対しては、都市機能の立地に際して市町村が届出を義務づけるなどの「緩やかなコントロール」をとることを求めています。

　この都市機能誘導区域の周辺部へ広がる居住誘導区域は「居住を誘導し人口密度を維持するエリア」とされています。つまり、これはすでに市街化区域全体に広がった居住空間をあらためて狭域の居住誘導区域へコンパクトにまとめていこうという考え方です。この居住誘導区域に対しては、①区域内における居住環境の向上（区域外の公営住宅を除去し区域内で建て替える際の除却費の補助、住宅事業者による都市計画・景観計画の提案制度）、②区域外の居住の緩やかなコントロール（一定規模以上の区域外での住宅開発に対する届出・働きかけ、市町村の判断で開発許可対象とすることも可能）、という措置がとられることになっています。こうしたインセンティブを通じて地域の居住空間の集約化をはかろうとするのが居住誘導区域のやり方です。

　なお、これに付随して、地域公共交通活性化再生法の改正を通じて地域公共交通網を立地適正化計画に合わせて整備し、都市機能誘導区域へのアクセスを容易にするためのバス専用レーン・バス待合所や駅前広場等の公共交通施設の整備支援を実施するとしています。

　立地適正化計画は市町村の都市計画マスタープランの「高度化版」とされています。後に見る「まち・ひと・しごと総合戦略」等では、2020年までに立地適正化計画を作成する市町村数を150団体にすることが目標として掲げられています。

（4）「骨太の方針2014」

「増田レポート」の主張は、日本の経済財政運営の根幹におかれている「骨太の方針」にもすぐに反映されました。そこでは、「50年後に1億人程度の安定した人口構造を保持」するために、「地域の活力を維持し、東京への一極集中傾向に歯止めをかける」としました。少子高齢化の原因を東京一極集中に求めている点はまさに「増田レポート」のままです。そのうえで、「少子化と人口減少を克服することを目指した総合的な政策の推進が重要」として、政府の経済財政政策の中心課題に人口減少社会の克服が掲げられました。

さらに「骨太の方針」では、「新たな『国土のグランドデザイン』を策定し、これも踏まえて、国土形成計画を見直す」としました。国土形成計画とは、戦後日本社会の一つの象徴である全国総合開発計画（第1次から第5次まで）が廃止されたかわりにつくられた国土計画です。かつての全国総合開発計画はそのときどきの経済計画と一緒になって、日本経済の発展のための両輪として機能してきました。その意味においても、「骨太の方針」で人口減少対策との関係で国土形成計画の見直しに言及したことは非常に大きな意味をもちます。

公共施設に関しても、施設の統廃合と財源確保、地域における「集約・活性化」、民間資金・ノウハウの大胆な導入、「都市機能」の集約や地方中枢拠点都市圏等の形成等を図るとし、公共施設の集約・統廃合等に伴う除却に係る諸コストをまかなう地方債の積極活用を進めるとしました。ここでも「増田レポート」や都市再生特別措置法と同様に、地方の中心都市へ人口・経済機能を集約させることがうたわれ、そのための手段の一つとして地方債を活用した公共施設の集約・統廃合が打ち出されています。

さらに2015年6月に出された「骨太の方針2015」ではより踏み

込んだ記述がなされました。そこでは、「公共施設管理・運営については、人口減少・高齢化を反映して、生産性・効率性の高いまちづくりを目指し、生活密着型施設の統廃合やネットワーク化を進める」として、経済効率の高いかたちでの地域再編と公共施設の統廃合が掲げられています。

(5)「日本再興計画（改訂2014）」

2013年6月に出された「日本再興計画」において、政府は「インフラ長寿命化基本計画」の策定を行うことを決定しました。それにともない、自治体に対しては「自治体インフラ長寿命化計画」（行動計画・個別施設計画）の策定と実施を求めるとしました。「日本再興計画」は2014年7月に改訂され、そこでは文言が非常に強いトーンに変更されました。自治体に対しては、2016年度末までにインフラ長寿命化計画（行動計画）を策定したうえで、個別施設

図表4　インフラ長寿命化基本計画と公共施設等総合管理計画

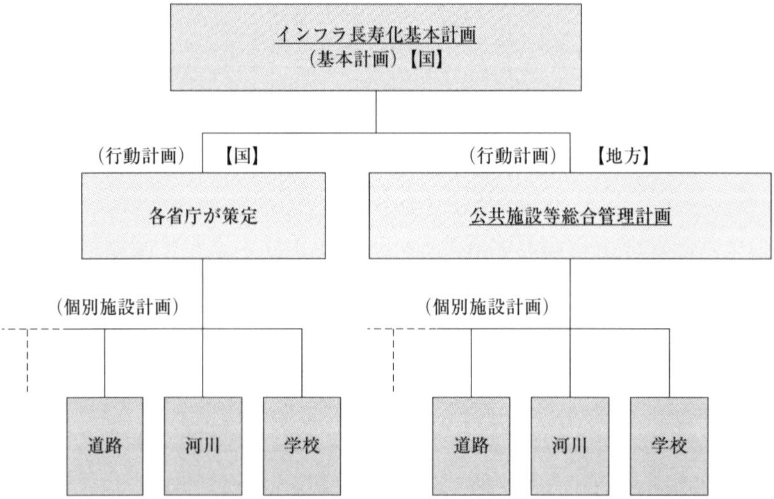

出所）総務省資料

計画も策定することを求めます。この自治体のインフラ長寿命化計画（行動計画）こそ、現在全国の自治体で策定されている「公共施設等総合管理計画」にほかなりません。このスキームは図表4のようなものです。

（6）「国土のグランドデザイン2050」

これまでのような法令や計画によって、地域再編がどのように行われようとしているのかを明確に示したのが、国土交通省による「国土のグランドデザイン2050」（以下、グランドデザイン）です。これは、「骨太の方針」で言及された2050年時点での国土構造のあり方を提起したものです。これはその後の国全体の政策の根幹をなすものになっていくという意味で、非常に重要な計画です。

グランドデザインでは、時代認識として「急激な人口減少・少子化」「異次元の高齢化」「都市間競争の激化とグローバル化」「インフラ老朽化」といった問題を提起しています。これらの認識を前提として、国土交通省さらには政府としての政策パッケージが組み立てられていくことになります。グランドデザインではこれに続いて人口動態についての推計を次のように示します。

・人口が半分以下になる地点が現在居住地域の6割以上となり、2割は無人になる（1k㎡メッシュ）。
・人口が増加する地点は2％にすぎず、それらは主に大都市圏に分布する。
・世帯主が65歳以上の高齢世帯は2035年に40.8％と初めて4割を超え、すべての世帯に占める一人暮らしは、3分の1を上回る1,845万世帯になる。

このような急激な少子高齢化による社会変化を前に、グランドデザインは「コンパクト＋ネットワーク」をキーワードにした地域

再編を行うべきだと提案しました。ここに、国土政策の基本方向が明確に示されています。つまり、既存の地域をさまざまなレベルでコンパクト化（小さく凝集）したうえで、小さくなった地域間を何らかの手段で結んでいこう、ということです。この「コンパクト＋ネットワーク」によって、国土を「生産性」の高いものへと再構築しようと提起しました。具体的には、地域を次の三つの類型に再編していくことが提案されました。

1. 「小さな拠点」
　日常生活の施設・機能（商店、診療所、福祉施設など）を徒歩圏内に集約し、周辺集落と交通ネットワークで結ぶ。
2. 「高次地方都市」連合
　コンパクトシティを形成しつつ、高次の都市機能を維持するために地方都市は周辺の市町村と相互に機能分担して圏域人口を確保する。
3. 「スーパー・メガリージョン」
　リニア中央新幹線により首都圏・中部圏・近畿圏が一体化することを見据え、首都圏を中心に世界から人・モノ・カネ・情報を引きつけ、国際経済戦略都市として世界を先導する。

これらの地域類型は、これまでの法令や計画の流れのなかで正確に読み解いておく必要があります。重要なポイントは次のようなものです。

第一に、農村地域が想定されている「小さな拠点」に集約するとされている日常生活の施設・機能は、その中身をみれば立地適正化計画で示されていた都市機能と同じものだということです。つまり、都市も農村も関係なく、住民生活に不可欠な公共・公益施設等は中心エリアへ集約しようとしていることがわかります。

第二に、「高次地方都市」は、そのものとして立地適正化計画が

描くようなコンパクト化を推し進めつつ、地方自治法改正で創設された連携協約などの仕組みを使って圏域としての一体性を保とうとしていることです。これは、自治体のフルセット行政からの脱却を念頭においたものだとみてよいものです。

　第三に、東京圏を中心に世界と戦える国際経済都市の再構築をはかろうという点です。これについては、これまでみてきた人口減少社会の論理からすれば矛盾しているようにみえます。すなわち、「増田レポート」以降、国は人口減少の原因を東京一極集中に求めていたにもかかわらず、東京圏をさらに巨大経済都市にしようとしているのです。普通ならば、それではますます東京一極集中が進むのではないかと考えられます。この一見矛盾したようにみえる論理のパズルを解く鍵が、地方創生＝「まち・ひと・しごと創生」の中身にあらわれてきます。

4．地方創生と公共施設

（1）「まち・ひと・しごと創生」と総合戦略

　2014年9月の内閣改造に合わせて、地方創生担当相と「まち・ひと・しごと創生本部」（以下、創生本部）の新設が行われました。そこでの議論を通じて、創生本部は2014年12月に「まち・ひと・しごと創生総合戦略」を閣議決定します。

　この中で、政府は「長期ビジョン」の策定を行い、①人口減少問題の克服（人口減少の歯止め、「東京一極集中」の是正）、②成長力の確保、が必要であると提起しています。そのうえで、基本目標から施策にいたるパッケージとしての「総合戦略」を提示しました。

　総合戦略の基本目標として挙げられたのは、①地方における安定した雇用を創出する（雇用）、②地方への新しいひとの流れをつくる（ひとの流れ）、③若い世代の結婚・出産・子育ての希望をかな

える（若い世代）、④時代に合った地域をつくり、安心な暮らしを守るとともに、地域と地域を連携する（地域）、という4点です。それぞれの基本目標に対しては、①雇用（農林水産業の成長産業化、訪日外国人旅行消費、地域の中核企業、中核企業候補など）、②ひとの流れ（地方移住の推進、企業の地方拠点機能強化、地方大学活性化など）、③若い世代（若者就業率、妊娠・出産・子育ての切れ目のない支援、ワーク・ライフ・バランス実現など）、④地域（「小さな拠点」の形成、都市のコンパクト化と周辺等のネットワーク形成、「連携中枢都市圏」の形成、定住自立圏の形成促進、大都市圏における安心な暮らしの確保、既存ストックのマネジメント強化など）といった「重要業績評価指標」（KPI）が示されました。[17]

このような地方創生の基本目標のなかで、①～③と④は性格を異にしていることが重要です。①から③は人口流出防止や出生率向上などの人口減少への歯止めのための「積極戦略」として位置づけられるものです。これに対して、人口減少に即した行政・まちづくりを進めていくのが④の「調整戦略」であり、そこには積極戦略を推進するための地域再編、そして、それを通じた財源捻出（財政縮減）の手段が含意されています。このような積極戦略と調整戦略を同時に実施していく点に地方創生の戦略構造があるのです。

私たちは「地方創生」などと言われると無意識のうちに新産業創出や観光客の増加策といった積極戦略を想起しますが、実際にそのような政策を打つことで実績をあげることのできる自治体はかぎられています。とくに今次のようにKPIという指標で5年以内のスパンで成果をチェックしていこうとすれば、実のあがる積極戦略をとれる自治体は少ないといわざるをえません。それに対して、地域

17　KPIのもつ含意については、金井利之がわかりやすく説明しています。山下祐介・金井利之『地方創生の正体』ちくま新書、2015年、24～30ページ。

再編を通じた財政削減は全自治体に網をかぶせることが可能なものです。このことが意味するのは、地方創生のより大きな狙いは積極戦略でなく、地域の縮減・スクラップによる財政削減におかれていることです。

　そこで次に④にある調整戦略の中身についてみていきましょう。「小さな拠点」や「都市のコンパクト化と周辺等のネットワーク」はすでにみた「国土のグランドデザイン2050」などと同じものです。また、「連携中枢都市圏」というのは、「増田レポート」が提案した地方中核都市、国土交通省の「高次地方都市連合」、総務省の「地方中枢拠点都市圏」、経済産業省の「都市雇用圏」など、ほとんど同じ地方都市に関する言葉が乱立していたため、国としてそれらを総称する呼び名として統一したものです。ただし、この呼び名は「連携」という言葉が入っていることからもわかるように、自治体のフルセット行政からの脱却が前面に出されています。さらに、「既存ストックのマネジメント」という文言は公共施設の統廃合が念頭におかれているのは間違いありません。

　国が策定した「長期ビジョン」と「総合戦略」をふまえて、都道府県および市町村においても「地方人口ビジョン」および「地方版総合戦略」を策定することが求められ、現在ほぼすべての自治体で策定が進められています。「地方版総合戦略」は2015年度中に策定することとされ、2016年度からそれに基づく取り組みを進めるというスケジュールが組まれています。これらを策定しなければ、国は地方交付税や補助金の減額を行ってきます。そのため、地方財源の総額が抑制される中で、各自治体としてはこれらの策定・実施を通じて、国からの地方財政措置をうけようとするインセンティブが強くはたらいているのです。

　総合戦略は5年間を1タームとする中期計画です。かつて自治体

に策定が法律で義務づけられていた総合計画（約10年間にわたる基本構想）は2011年度から法定計画でなくなっているため、総合戦略はそれを代替する役割が強くなっています。

（2）「まち・ひと・しごと創生基本方針2015」―地方創生の本音―

国が策定した総合戦略に基づき、地方創生の深化をはかるものとして2015年6月に「まち・ひと・しごと創生基本方針2015」（以下、基本方針）が閣議決定されました。

基本方針では「人口減少は一刻の猶予も許されない」として、2015年を「地方創生元年」と名付けます。そして地方創生の深化を目指すローカル・アベノミクスを実現するための政策目標等が掲げられましたが、内容的には前年に出された総合戦略とほとんど同じものです。ただし、大きく異なる点が一つだけ存在します。それが東京圏の高齢化問題です。

基本方針は、東京圏では2015～2025年の10年間で75歳以上の高齢者が175万人増加するという見通しを掲げます。これは驚くべき「後期高齢者」の急増の予測を示したものですが、その背後にはさらに多くの前期高齢者が存在していることになります。

基本方針では、このような高齢者の急増をそのままにしておけば、地方から医療・介護人材が東京圏へ流入し、東京一極集中が加速するとしました。合計特殊出生率が低いエリアに若年人口が一層集積することで、日本全体の人口減少が一層深刻になるというわけです。このような事態を回避するためには、東京圏が若年人口を吸引する労働需要の発生原因である高齢者そのものを他の地域へ移す以外に方策がありません。そこで、基本方針が提起したものが日本版CCRC（高齢者移住支援）[18]です。建前では「高齢者の希望実現」とか「高齢者の地方移住支援」などと言っていますが、本音のところ

では高齢者が東京圏で激増することを避けたいのです。

　それはなぜなのか。ここで思い出されるべきなのが「国土のグランドデザイン2050」で掲げられたスーパー・メガリージョンです。スーパー・メガリージョンは東京をこれからの国際経済戦略都市として再構築することを示したものです。そのためには、国内外のグローバル企業が集積してこなければなりません。こうした企業で勤めるグローバル人材も東京圏に居住することが必要です。現在東京で一斉に進んでいる再開発もそれが目的となっています。その一方では、膨大な数の高齢者が出てくるため、その一定割合が間違いなく福祉施設や福祉サービスのニーズを大きく押し上げることになります。[19] それに対応するためには、東京の膨大な土地や空間が必要になりますが、そうなれば東京はスーパー・メガリージョンとしての再編成ができなくなってしまいます。端的にいえば、富を生み出さない高齢者と社会福祉のために東京の資源が使われることが国の大方針からみれば迷惑で仕方がないのです。

　地方創生といえば東京と関係のない話のように聞こえますが、国の経済成長戦略との関係では東京こそが地方創生の本旨ともいえるのです。地方のコンパクトシティ化や小さな拠点づくりも、そのような文脈総体の中でとらえることが必要です。

18　日本版CCRC（Continuing Care Retirement Community）は、「東京圏をはじめとする高齢者が、自らの希望に応じて地方に移り住み、地域社会において健康でアクティブな生活を送るとともに、医療介護が必要な時には継続的なケアを受けることができるような地域づくり」と定義されています（日本版CCRC有識者会議）。

19　東京特別区内ではすでに高齢者施設が満杯状態であり、入居することがほとんど不可能だとされています。また、施設不足から葬儀をすぐに行うことも困難になっています。

第 3 章　公共施設と地方財政改革

1．公共施設等総合管理計画の概要

　地域再編と財政縮減の手段として公共施設の統廃合が利用されようとしていることについてはすでに紹介しました。それでは、国は自治体に対して公共施設の統廃合のために具体的にどのような施策をとっているのでしょうか。以下では、主に地方財政制度の改革に関連させて、この点についてみていきたいと思います。

　総務省は2013年に全国の自治体を対象として「公共施設等の解体撤去事業に関する調査」を実施し、その結果を同年12月に発表しました。そこで示された自治体の意向によれば、解体撤去の対象となる公共施設等は12,251件、解体撤去費用は4,040億円にのぼりました。対象となる公共施設等を種類別にみれば、公営住宅23％、教育関係施設19％、職員宿舎11％、庁舎等9％、社会福祉関係施設8％、廃棄物処理施設4％、インフラ7％等となりました。自治体のもつ公共施設の種類は、都道府県では高等教育施設と公営住宅、市町村では義務教育施設が多いため、ここでの数字はそれを反映したものだといえます。また、これらの公共施設等を解体撤去する理由としては、「廃止」が7,903件（65％）と最も多く、「統合」1,870件（15％）、「移転」1,753件（14％）がそれに続きます。そして解体撤去後の跡地利用計画については「未定」が全体の72％を占めています。

　この結果に基づき、国はすでに自治体に要請していた「インフラ長寿命化計画（行動計画）」と一体のものとして、あらためて「公共施設等総合管理計画」の策定を求めました。そのために、2014

年度予算において公共施設等総合管理計画の作成に対して特別交付税による財源措置を行いました（措置率1/2）。さらに、国は自治体の公共施設等の解体撤去を促すために、地方財政法の改正を通じた公共施設等の除去に対する地方債の特例措置を300億円認めました（充当率75％、交付税措置なし）。通常の地方債は主に公共施設等の建設にしか認められませんが、それは①一定の期間にサービスを発現しつづける公共施設等の財源負担のあり方は、起債によって実際の一般財源支出を複数年度で平準化する方が世代間の公平性にかなう、②起債による財源確保によって早く公共施設等を整備する方が、住民に対するサービスの発現が早い、という理由に基づいています。公共施設等の解体撤去にはそのような理由が該当するとはいえないため、これは明らかに特例的な対応であると考えられます。

　さらに公営企業の施設に関しても、これまで水道事業の一部にしか施設処分のための企業債発行が認められていなかったものを事業区分全体に認め、2014年度は120億円が措置されました。

　このような中で、公共施設等総合管理計画の策定が2014年度から本格的に求められるようになります。その策定に際して、国は次のような基本方針を示しました。

・全ての公共施設等を対象とする。
・計画期間は10年以上が望ましい。
・全庁的な取組体制の構築及び情報共有方策。
・財政収支の見通しに基づき、施設等の新設・更新・維持管理等が可能か否かを記載する。
・統廃合や長寿命化、安全性の確保など、保有する公共施設等の管理方策。
・計画の進捗状況等の評価の実施と公表方法。

　ここでは全ての公共施設等に対して全庁的に取り組むことが強調

されています。これは、公共施設等を所管する自治体の部署がバラバラであることから、公共施設等のストックを自治体全体としてコントロールすることが難しいことを国も把握していることを示唆しています。つまり、各部署にとっては自分たちの所管する公共施設等は住民サービスの点からはいずれも大切なものですから、その統廃合に抵抗することは当然であり、このような状態は公共施設等の縮減にとって足かせとなるからです。逆にいえば、それを自治体全体にまたがる包括計画としての位置づけを与え、各部署の施策はそこへの配慮が求められることになったのです。

　国はこのような基本方針を掲げたうえで、実際の公共施設等総合管理計画の策定においては、①老朽化の状況や利用状況をはじめとした公共施設等の状況、②総人口や年代別人口についての今後の見通し（30年程度が望ましい）、③財政収支の見込み（中長期的な維持管理・更新等の費用の見込みを含む）を把握・分析しなければならないとしました。ここに、公共施設等総合管理計画の中心部分が盛り込まれています。つまり、単に老朽化の状況等だけではなく、人口動態に合わせて公共施設の縮減を積極的に図っていき、さらにそれを各自治体の財政運営とリンクさせようとしていることがわかります。そのため、国は公共施設等総合管理計画には将来の社会経済状況の変化を見据えた具体的な集約・統廃合等の計画が含まれなければならないとしました。

　さらに、公共施設等総合管理計画の策定上の留意事項として、財政負担の軽減・平準化に向けた数値目標の設定、市区町村域を超えた広域的な検討（隣接市区町村、都道府県と圏域市区町村など）、PPP/PFIの積極的な活用の検討などが示されました。ここで自治体間の広域的連携を促していることも地方創生との関係が明白にみられる点です。また、PFI等の積極的検討を求めているのは現政権

がここに力を入れていることを反映したものです。また、合併団体や過疎地域において早急な計画策定が求められることも特徴です。

2015年6月の「骨太の方針2015」でも、「関係府省庁・地方公共団体が適切な連携を図り、施設の集約・縮減にまで踏み込んだ公共施設等総合管理計画の策定」によって、「国公有財産の最適利用を加速し、コンパクト・プラス・ネットワークによる集約・活性化や施設の効率的な維持管理・更新を行う」とされました。ここには、公共施設等総合管理計画が各自治体にとどまらず、国や他の自治体との連携のなかで地域再編を推し進めていくという国の意志が強くあらわれています。

これらをみれば、公共施設等総合管理計画が自治体の財政運営の柱に組み込まれようとしていること、それらが地域再編に関連づけられていることがあらためて確認できます。

2．公共施設等総合管理計画と地方財政措置

公共施設等総合管理計画は必ずしも策定する義務があるわけではありません。また、公共施設等の状況把握と将来計画の内容が国の求めるものと合致している必要もありません。

しかし、実際にはすべての自治体が公共施設等総合管理計画の策定を行う予定になっています。それは、一つには老朽化している公共施設等の把握と対策は、国にいわれるまでもなく各自治体が行わ

20　PFIは公共施設の建設と運営を民間事業者に委託し、長期間の契約の中で自治体が事業者に委託料を支払い続けるというものです。PFIは公共施設等における民間活力の導入としてもてはやされましたが、全国的にはほとんど拡がりがなく、またコストやサービスの面でメリットがあるのかどうかについては実証的には明らかではありません。筆者は、①公共施設等のデザインに民間の創意工夫を活かす点では公募方式の入札と同じである、②民間事業者が公共施設を建設する際に調達する資金の利息は信用力の点で自治体による資金調達の場合よりも高くなる傾向がある、③自治体が民間事業者に支払う委託料の中には事業者の利益分が含まれなければならずコスト高となる、という3点において、PFIにはほとんどメリットがないと考えています。

図表5　公共施設等総合管理計画に係る地方財政措置

①集約化・複合化事業に係る地方財政措置（公共施設等最適化事業債）の創設
　・対　象・・・既存の公共施設の集約化・複合化事業で、延床面積が減少するもの（庁舎等の公用施設や公営住宅、公営企業施設等は対象外）
　・期　間・・・2017年度まで
　・充当率・・・90％、交付税算入率50％
②転用事業に係る地方債措置の創設（地域活性化事業債の拡充）
　・対　象・・・既存の公共施設等の転用事業（転用後の施設が庁舎等の公用施設、公営住宅、公営企業施設である場合は対象外）
　・期　間・・・2017年度まで
　・充当率・・・90％、交付税算入率30％
③除却についての地方債の特別措置（除去債）【一般単独事業債】
　・対　象・・・公共施設等の除却（解体撤去費用、原状回復に要する経費）
　・期　間・・・2014年度より当分の間
　・充当率・・・75％

出所）総務省資料

なければならないということです。そしてもう一つには、国の要求どおりに本計画を策定しなければ地方財政措置において不利に扱われる公算が大きくなることがあります。逆にいえば、自治体は予算面において国から有利な措置をうけようとするならば、公共施設等総合管理計画を国のいうとおりに策定しておかなければならないということになります。

　それでは、公共施設等総合管理計画を策定しなければ自治体はどのような面で不利になるのでしょうか。

　第一に、公共施設等総合管理計画の策定を前提とした地方財政措置が認められないことです。**図表5**は、公共施設等総合管理計画に関連した地方財政措置をみたものです。このうち③はすでにみた2014年度から措置されているものです。①は公共施設の集約化・複合化事業を行えば、事業費の90％を地方債で充当することができ、そのうちの50％を基準財政需要額の割増を通じて交付税算入する

というものです。公共施設の集約化とは同じ種類の施設をまとめること、複合化とは別の種類の施設を一つにまとめてしまうことで、小学校と公民館と図書館を同じ施設内に集めるといったものです。これは地方債充当率が100％認められる過疎対策事業や辺地対策事業ほどではありませんが、それ以外の事業に比べるときわめて有利な地方財政措置になっています。②の転用事業に関する地方財政措置は交付税算入率が低いために①ほどではありませんが、それでもかなり有利な事業であることは間違いありません。

　第二に、公共施設の老朽化対策等に使われている補助金が減額される可能性があることです。現在日本の補助金で最も大きい分野は公共事業に対するものですが、その中でも最大のものは社会資本整備総合交付金とよばれるものです（毎年度約２兆円）。とくに、その一部に含まれる防災・安全交付金はその趣旨からして公共施設等の状況把握が前提となる面があります。そのため、国は社会資本整備総合交付金等の配分は公共施設等総合管理計画を条件とすべきであり、そうでない場合には補助金支出が非効率である可能性があるために見直しをするべきではないかと言及しています。これが削減されることは、自治体の社会資本整備に甚大な影響を及ぼしかねないため、公共施設等総合管理計画の策定へのインセンティブが強まっているのです。

　さらに、政府は地方創生に関連づけて、2014年度の補正予算から補助金事業を次々と実施しています。このような補助金も公共施設政策と関連するかぎりにおいて、自治体の公共施設等総合管理計画の策定を促しているといえます。このような補助金としては、プレミアム付商品券で話題をよんだ「地域活性化・地域住民生活等緊

21　例えば、1990年代に急増した公共施設整備に多用された地域総合整備事業債でも、その多くは事業費の75％の地方債充当率と30〜55％の交付税算入で措置されていました。

急支援交付金（地域消費喚起・生活支援型）」と「地域活性化・地域住民生活等緊急支援交付金（地方創生先行型）」の二つがあり、後者についてはさらに「基礎交付分」（1,400億円）と「上乗せ交付分」（300億円）が配分されています。さらに「上乗せ交付分」については、「先駆的事業分（タイプⅠ）」と「地方版総合戦略先行策定分（タイプⅡ）」に分けられ、2015年11月に配分決定がなされています。タイプⅠでは、人材育成・移住分野、地域産業分野、農林水産分野、観光分野、まちづくり分野が設定され、まちづくり分野のなかにコンパクトシティ、中心市街地活性化、小さな拠点など、公共施設の再編・統廃合と関係の深い分野が含まれています。またタイプⅡでは、移住促進、人材育成・確保、産業振興、観光振興、小さな拠点、少子化対策の各分野へ配分が行われています。自治体からすれば、ぶら下げられた人参（補助金）に向かってレースをさせられている気分でしょう。この中に、公共施設の統廃合や地域再編が組み込まれており、こうした補助金が公共施設等総合管理計画の推進に一役買っているといえます。

　さらに2015年度補正予算では「地方創生加速化交付金」が1,000億円（100％補助）が措置され、コンパクトシティ、小さな拠点、連携中枢都市などの取組を支援するとしました。2016年度には地方創生の深化のための新型交付金（地方創生推進交付金）が創設されることになり、これにも1,000億円の予算措置がなされます。そこでも「先駆性のある取組」として、官民協働や地域間連携、日本版CCRC、小さな拠点等が対象事業に挙げられています。まさに、地方創生関連の補助金が次々と連発されている状況です。

3．地方財政制度改革と公共施設

　さらに政府は、公共施設等総合管理計画を含めた一層大きな地方

図表6 地方財政制度改革の方向性

	2015年度	2016年度	2017年度	2018年度	2019年度	2020年度
まち・ひと・しごと創生事業費	地方版総合戦略の策定 / 「まち・ひと・しごと創生事業費」の創設	地方版総合戦略に基づく取組の実施 → / 「まち・ひと・しごと創生事業費」の地方交付税の算定において地域の活性化等の取組の一層反映				
広域連携	広域連携(連携中枢都市圏・定住自立圏)を地方交付税で支援 →					
公共施設の集約化、複合化等	公共施設の集約化、複合化等を地方交付税で支援 →					
公共施設等総合管理計画	総務大臣通知において、「公共施設等の集約化・複合化等に踏み込んだ計画となるよう努める」よう要請(2015.8)	特別交付税措置等により支援 / 計画の策定を促進		更新・統廃合・長寿命化等の取組の進捗を踏まえた継続的な計画の見直し・充実化 / 施設の集約化・複合化等を促進		
決算情報		資産の老朽化対策に関するデータや指標を新たに「見える化」 / 地方財政決算情報ホームページの使いやすさの一層の向上	(適宜見える化の促進について検討)			
地方公会計		特別交付税措置等により支援 / 統一的な基準による地方公会計の整備を促進		各団体の財務書類や固定資産台帳を総務省ホームページにおいても公表 / 地方公会計等を活用し、予算編成等の財政マネジメントを強化		
歳出効率化に向けた業務改革で他団体のモデルとなるようなものを基準財政需要額の算定に反映等	・基本方針2015(2015.6) / ・世界最先端IT国家創造宣言(2015.6) / ・総務大臣(2015.8)	歳出効率化に向けた業務改革で他団体のモデルとなるようなものを基準財政需要額の算定に反映(地方団体への影響等を考慮しつつ、複数年かけて段階的に反映) / 地方税の実効的な徴収対策を行う地方自治体の徴収率を標準的な徴収率として基準財政収入額の算定に反映(地方団体への影響等を考慮しつつ、複数年かけて段階的に反映)				

出所)総務省

財政制度改革の方向性を明示しています。**図表6**はその中から公共施設に関連するものを抜粋したものです。ここでは、各項目に分けて地方版総合戦略の期間に合わせて2016年度から2020年度までの5年間の方針が示されています。以下では、これまで述べてこなかった改革について説明を加えておきたいと思います。

まず、「まち・ひと・しごと創生事業費」は、地方交付税の一部として2015年度から措置されているものです。2014年度においては「地域の元気創造事業費」として、地域経済活性化の成果と行革努力の取組に分けて3,500億円の措置が行われました[22]。2015年度にはこの「地域の元気創造事業費」(4,000億円)に加えて「人口減等特別対策事業費」(6,000億円)が合わさり、これらを総称して「まち・ひと・しごと創生事業費」(1兆円)とされています。これについては、地方版総合戦略の期間に合わせて今後5年間継続していく方針が示されています。しかも、今後は「まち・ひと・しごと創生事業費」の地方交付税の算定においては地域活性化等の取組の成果を一層反映するとしています[23]。これは標準的な財政需要を保障するという地方交付税の趣旨からすれば例外的な措置であり、一般財源としての地方交付税の補助金化の一例です。しかも、毎年17兆円程度の地方交付税総額からみても、1兆円という規模はかなり大きなものであることがわかります。さらに、「まち・ひと・しごと創生事業費」のほかにも、広域連携や公共施設の集約化・複合化等を推進する自治体に対しても地方交付税で支援することが明示されています。地方交付税が全体として抑制基調で厳しく推移していることをふまえれば、自治体がこのような地方創生に関連づけられた交

22　この前にはさらに「頑張る地方応援プログラム」という名前での取組がなされていました。

23　2015年度予算では、「まち・ひと・しごと創生事業費」は取組の成果が期待できる自治体と成果の期待が厳しい自治体の双方に配慮した配分がなされています。

付税を獲得していこうという動きは強くならざるをえません。

　次に、決算情報や地方公会計の改革も公共施設の関連が深いものです。これらの眼目は、固定資産台帳を含む統一的な基準によって地方公会計の整備を行い、それに基づいて新たに「資産老朽化比率」を財政健全化の指標に加えていくことにあります。この比率を引き下げようとすれば、公共施設等の更新や廃止をしなければならなくなりますが、公共施設等総合管理計画の策定を求めている国の狙いが後者にあるのは明らかです。

　さらに、地方交付税については、歳出効率化に向けた取組で他団体のモデルとなるようなものを基準財政需要額の算定（単位費用）に反映することが決まっています。これは従来の標準団体に基づく方式からトップランナー方式への移行をあらわしており、2016年度には学校や清掃の分野での導入が進められようとしています。そして2017年度以降には、図書館管理、博物館管理、公民館管理、児童館管理、青少年施設管理など、公共施設の管理経費を中心にトップランナー方式の導入が予定されています。これらは自治体の地方交付税の配分額を抑えることになるため、自治体が交付税総額を維持しようとすれば、「まち・ひと・しごと創生事業費」のような別の算入項目を通じて財源を獲得していく以外にありません。とくに、トップランナー方式の項目が公共施設にリンクしている場合には、それらへの一般財源の支出を削減しようという自治体財政の動きが強まることは間違いありません。この意味でも、公共施設の統廃合はさらに進む可能性が高くなっているといえます。

　このような方向性は内閣府が新たに検討している「経済・財政再生アクション・プログラム」でも明確に打ち出されています。ここでは、「人口減少、少子高齢化、東京一極集中、地域の疲弊、インフラの老朽化などの構造的な諸課題に対応する各分野での取組は、

将来に向けた成長・発展にとって重要な取組である」として、政策効果が高い分野に歳出の重点化をはかるとしています。これらはすでにみた地方創生に関連する項目が列挙されているものです。そして、ここでも公共施設に関連するものが重視されており、「コンパクトな都市構造の実現」「公共施設のストックの適正化」「維持管理コストや資産に関する情報の見える化」などが掲げられました。これらを具体的に推し進めていくために、「立地適正化計画の作成を通してコンパクトで持続可能な都市像を地域で共有する」「公共施設等の集約化・複合化等を図るため、2016年度までに公共施設等総合管理計画を、2020年度までに個別施設計画を全国の地方公共団体で策定する」といった方針が示されています。また、ここでの特徴は、公共施設等の整備・運営へのPPP/PFIの積極的な導入を図るとしている点であり、とくに国と中核市以上の自治体においてはPPP/PFIの手法の導入を優先的に検討するとしています。

4．重層的行財政構造の中の公共施設

これまでの内容をまとめると、「地方創生＞地方財政制度改革＞自治体行財政＞公共施設」という重層構造の中に、公共施設の再編・統廃合がおかれていることがわかります。このような中央—地方の行財政構造において、各自治体が公共施設の課題にどのように取り組んでいくべきかが問われています。それは自治体からみれば、公共施設の問題を最終的には地方創生（地域活性化）との関係で議論していくべきことを示すものでもあります。

場当たり的・総花的ともいえる国の地方創生施策をみれば、自治体がそれらを主体的にうまく活用できる余地が小さいとはいえません。ただし、補助金や交付税のために地方創生のための政策づくりを行ってもうまくいくわけがありません。自治体の施策が、これら

の財源に合わせたものになってしまうからです。これまで多くの優れた取組を展開してきた自治体をみれば、そこには長く粘り強い地域政策の営為が不可欠であることが明らかです。地方版総合戦略という5年間の計画は、その意味では短すぎるものだといえます。おそらく国は、このような短期間で成果をあげることができる自治体はかぎられており、そこに将来的な資源を投入していくことを想定しているのだと思われます。「まち・ひと・しごと創生事業費」で地域活性化等の取組の成果を一層反映していくとしているのは、このことを示唆するものです。

　こうした点をふまえながら、次章ではこれまで先行的に公共施設の再編・統廃合の取組を進めてきた自治体の事例を紹介しつつ、この課題にいかに対処するべきかについて論じていきます。

第4章　公共施設の再編・統廃合—先行事例から学ぶ—

1．公共施設の再編・統廃合のメニュー

　公共施設の再編・統廃合はもはや国家プロジェクトとしての様相を呈しています。しかし、公共施設のほとんどは地方自治体が管轄しており、しかもそれらは地域社会の営みと不可分なものです。そのため、この課題に対しては、自治体があくまで主体的に取り組む姿勢を崩してはならないものです。

　今後の社会状況や財政状況を考えれば、公共施設の何らかの再編等は避けられないと筆者も考えています。これは筆者自身の経験でもあるのですが、自治体の公共施設の再編等をどのように進めていくのかは有識者等の外部者が決定できるような性格のものではありません。地域社会に甚大な影響を将来にわたって及ぼす課題である以上、自治体や住民が責任をもって自己決定しなければならないものです。

　図表7は、公共施設の再編・統廃合の主なメニューをまとめたものです。[24] 自治体は公共施設をそのまま維持・更新するのでない場合、これらのいずれかの対応をとっていく必要があります。その一方では、財政制約との関係で更新等の費用ができるかぎり小さくなるような方策をとっていくことが欠かせません。

　これらの方策のほとんどは難しい政策判断が求められるものばかりです。公共施設等総合管理計画は、すべての公共施設等に関する

24　公共施設の再編・統廃合のほかに、オフィスの効率化・窓口改善やネーミングライツまで含めたファシリティ・マネジメント（FM）を紹介したものとしては次の文献があります。小島卓弥編著、八上俊宏・金城雄一共著『ファシリティマネジメント』学陽書房、2012年。

図表7　公共施設の再編・統廃合のメニュー

取組み方策	概要
集約化	同じ種類の施設の統合
複合化（多機能化）	異なる種類の施設の統合
ダウンサイジング（減築等）	規模の縮減
転用	本来の目的以外への使用変更
PPP/PFI	施設の建設・管理への民間事業者の活用
連携・広域化	近隣自治体との施設の相互利用
住民・地域等への移管	地域への施設の管理運営権の移譲
貸付・売却	施設・土地の貸付または売却

状況把握と全体の縮減を要請していることから、自治体はかなりの公共施設に対してこれらの方策を適用していかなければなりません。それは公共施設の新規建設に比べた場合、地域の将来像と住民合意の両面において非常に困難な取組を自治体に求めることになります。

　以下では、すでに公共施設の再編等に積極的に取り組んできた自治体の事例を三つのパターンに分けて紹介したいと思います。それらはこの問題に取り組む際にどこへ重点をおいているかという視点から、①公共施設の全体マネジメント、②個別施設マネジメント、③住民自治計画、という分類でみていこうとするものです。ただし、これらは非常に単純化した区分であって、いずれの自治体においてもそれぞれの要素を組み合わせながら進めようとしています。また、このような視点とは別の次元における有益な取り組みもみられます。こういった内容についてもできるだけ紹介していきたいと思います。

2. 公共施設の全体マネジメント―相模原市・さいたま市・秦野市―

（1）　相模原市―「公共施設白書」による全体像の把握―

　相模原市（神奈川県）は人口約70万人の政令指定都市です。高齢化率は約16％と比較的若年層が多く、一般会計の予算規模は約2,500億円にのぼります。

相模原市は2011年5月に「相模原市公共施設マネジメント取組方針」を策定し、公共施設の再編等に関して全庁的な取組みを進めてきました。2012年3月には『相模原市公共施設白書』を取りまとめています。以下ではこれらに基づいて同市の公共施設政策についてみていくことにします。

　相模原市の公共施設は、同市の人口が急増する1960年代後半から1970年代にかけて集中的に整備されています。これらの公共施設は合計で757施設にのぼりますが、そのうち建設から30年以上経過した建物が全体の4割（延床面積ベース）を超えており、これから一層老朽化が進んでいくことになります。

　相模原市では公共施設に係る財政コストを次のように計算しています。まず、管理運営コストとして、維持管理費、事業運営費、指定管理料及び人件費を含めており、これらの市負担分は428億円（2008年～2010年度平均）にのぼるとしました。これは、同時期の市歳出額約2,300億円の2割近いものです。その一方で、高齢化対応や生活保護等に係る社会保障費が増加することが予測されるとともに、2020年頃には人口が減少へ転じるとしました。

　このような中で、公共施設の老朽化にともなって大規模改修や更新の費用が急増していくことが示されています。それによれば、これらの更新等の費用は2032～2041年度にピークを迎えることになり、事業費ベース（改修・更新費等）で年平均230億円になるとされました。また、これらの更新費等を60年平均という長期で平準化したとしても、年平均で179億円程度にのぼると推計されました。

　相模原市では近年の財政状況に鑑みて、これらの公共施設の更新等に充当可能な財源額を年間155億円と設定します。それを前提とすれば、ピーク時の2032～2041年度には保有施設の6割程度しか改修・更新の対応ができないとしました。しかも、公共施設以外の

道路・橋梁等のインフラ施設の老朽化も進行することから、実際にはさらに財政的に厳しい状況になることが見込まれるとしました。

　以上の状況に鑑みて、相模原市では、①公共施設で提供するサービス・機能の「必要性」、②民間等によるサービスの可能性を追求し、最も効率的・効果的に提供できる主体がサービス提供する「多様性」、③次世代を見据えて、建物の耐用年数を踏まえた60年スパンの時間軸で考える「長期性」、④所管ごとの縦割りではなく、全庁的・総合的な視点に立ったマネジメントの仕組みを構築する「総合性」、という四つの視点に基づき、コスト削減の検討を進めています。これはのちに国が指示する公共施設等総合管理計画の枠組みに沿ったものになっていることがわかります。そして相模原市では、公共施設の保持に必要な財政削減額を最終的には年間72.6億円と見込み、それを基準にして図表8のような削減案をまとめました。

　ここからわかることは、様々なコスト削減方策の中で、延床面積の削減効果が相当部分を占めるということです。相模原市の推計では、コスト削減の約7割はここから生じています。とくに大きいのは「人口動向に応じた延床面積の削減」であり、これが全体の約4

図表8　相模原市の公共施設コストの削減可能性

項目	延床面積削減割合（全体比）	効果額（億円／年）
①改修パターンの変更によるコスト削減 （大規模改修を中規模改修程度に変更しつつ機能維持）	—	14.4
②延床面積の削減によるコスト削減 （統廃合、減築、棟数削減、転用等）	21.9%	50.4
ア　人口動向に応じた延床面積の削減	20.2%	32.2
イ　単独施設の複合化による延床面積の削減	1.7%	3.5
ウ　延床面積の削減に伴う経常的経費の削減	—	14.7
③民間活力の活用によるコスト削減 （民間活力の活用による改修・更新コストの10％削減）	—	8.4
計（①+②+③）	21.9%	73.2

出所）相模原市資料より作成

割以上を占めています。延床面積の削減に伴う「経常的費用の削減」（管理運営コストの削減）の効果も年間約15億円と大きくなっており、これだけでも削減効果全体の2割以上にのぼると見込まれています。これらに対して、民間活力の活用（PFIの導入）は全体としての削減効果が小さく見積もられており、公共施設の改修・更新コストの10％とされています。

相模原市の公共施設計画は、自治体が公共施設の将来コストを削減しようとすれば、全体としてのボリュームを減らす以外の方法を見出すことが難しいということを示しています。このことは、具体的には公共施設の統廃合を中心とした再編方策を展開していかざるをえないことを示唆しています。

相模原市の公共施設の中では、学校教育施設の占める延床面積の割合が圧倒的に大きくなっています。こうした状況は多くの市町村にも当てはまるものです。このことは、市町村が公共施設全体のボリュームを削減しようとすれば、小中学校を中心とした公共施設の統廃合を進めていかざるをえないことを意味しています。それはこれから少子高齢化が進んでいく大部分の自治体に該当する共通の課題になっています。その一方で、市町村合併を通じて大きくなった相模原市には、旧自治体の中でそれぞれ独自の地域文化が残されています。相模原市にかぎらず、学校とくに小学校はコミュニティの中核をなしている状況が一般的です。さらには学区再編も行わなければならないため、実際の学校の統廃合は住民の合意形成が最も難しい課題であるといえます。

このような詳細な公共施設分析に基づき、相模原市では2014年9月に全庁的体制として相模原市公共施設マネジメント検討調整会議を設置しました。このもとで、それぞれの公共施設等に関する情報を共有しつつ、各計画・方針等に基づく多機能化・複合化などに

取り組んでいくとしています。また、相模原市では2013年から「相模原市公共施設保全等基金条例」を施行し、公共施設の保全や活用を図る事業に用いていく方針を示しました。こうした取組は、公共施設のマネジメントを適切に進めていく意思を自治体内部や住民に対して発するという意味でも重要だといえます。

しかし、実際の住民への説明や統廃合の手続きは今後の課題として残されたままとなっています。しかも、対象となる施設数の多さから、再編・統廃合へいたる過程は困難をきわめることが予想されます。公共施設の再編・統廃合は住民に対して機械的に説明して進められるようなものではなく、このような公共施設計画は自治体のマンパワーの面でも大きな壁に直面する可能性がきわめて大きいといえます。

(2) さいたま市

さいたま市（埼玉県）は人口約125万人の政令指定都市で、旧浦和市・旧大宮市を含む10の行政区からなっています。高齢化率は約21％で、一般会計の予算規模は約4,300億円にのぼります。

さいたま市は2012年6月に『さいたま市公共施設マネジメント計画』を策定します。以下では、これらに基づいて、同市の公共施設の状況をみていきます。また、その内容をマンガを使ったパンフレットにして住民にわかりやすく説明するといった工夫もみられます。

さいたま市によれば、公共施設の数は約1,700施設にのぼります。これは同じ政令指定都市である相模原市の2倍以上の数です。建物の床面積の割合をみれば、学校教育系52％、行政系13％、市民文化・社会教育系10％などとなっており、やはり小中学校を中心とした教育施設の割合がかなり大きいことがわかります。建設時期も

図表9 現状の公共施設の改修・更新にかかる経費（一般財源分）の見込み

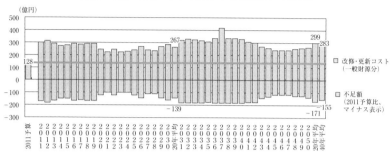

出所）さいたま市資料

1960年代後半から1970年代にかけてのものが多く、建築後30年以上経過している建物は延床面積で52％にものぼります。

このような状況の中で、さいたま市は今後の公共施設に対する財政運営のあり方を検討していきます。その際、さいたま市の人口はこれから急速に少子高齢化が進展し、2025～2030年には人口が減少に転じていくと予測されています。これによって市の財政状況は厳しくなっていき、いま以上に公共施設に財政支出を行うことはできないとしました。これに基づいて、さいたま市が今後の公共施設の改修・更新費の将来予測を示したものが**図表9**です。

さいたま市によれば、今後の改修・更新コストについて、公共施設を現状の規模で改修・更新する場合を試算すると、40年間の総事業費は約2兆7,870億円、年平均で697億円にのぼります。これを市の一般財源に置き換えて試算すると、**図表9**のように40年間で約1兆1,300億円、年平均で283億円の負担額となり、2011年度予算の128億円と比較すると約2.2倍になり、年平均で155億円もの大幅な財源不足となることが示されました。このことは、一般財源による投資額が同じであれば、既存施設の45％しか維持できないことを意味しています。

そこで、さいたま市は「ハコモノ三原則」として、①新規整備は原則として行わない（総量規制の範囲内で行う）、②施設の更新（建替）は複合施設とする（複合施設においては、管理・運営についても一元化し、施設の複合化により空いた土地は活用・処分を促進する）、③施設総量（総床面積）を縮減する（60年間で15％程度の縮減を行う）を掲げます(25)。これらの方策を第1次アクションプラン（2014―2020）として落とし込み、それを実施すれば公共施設の改修・更新の費用は2.2倍から1.1倍まで圧縮できるとしました。このアクションプランは2050年までに4次まで策定される予定になっています。

　さいたま市の公共施設マネジメントの特徴は、住民参加型のワークショップを活用していることにあります。これは、「ハコモノ三原則」に挙げられていた施設の複合化を住民参加によってモデル的に進めようという意図で2012年度から実践されているものです。2012年度には2012年9月から翌年1月までの期間で4回のワークショップが行われ、公募市民（11名）、モデル地区の住民、さいたま市公共施設マネジメント会議の委員など20名が参加しています。2013年度も2013年9月から翌年1月まで6回開催され、22名（公募市民8名、モデル地区の市民等12名、公共施設マネジメント会議市民委員2名）が参加しています。これらのワークショップでは、老朽化が進行する小学校の建替えに際して、周辺にある老人福祉センターや子育て支援センターなどの公共施設との複合化が検討されまし

25　さいたま市はこれとは別に「インフラ三原則」を策定し、①現状の投資額（一般財源）を維持する、②ライフサイクルコストを縮減（PPPなど、民間活力を活用し、機能を維持・向上させつつ、改修・更新コスト及び管理運営コストを縮減）、③効率的に新たなニーズに対応（バリアフリー、環境、防災などの新たなニーズに対しては、効率的な整備・対応を推進）を挙げました。これは、公共施設については削減する一方で、インフラ施設については基本的には維持していくしかないという考え方をあらわしています。

た。さいたま市ではこうした住民参加型のワークショップによって複合化のモデルケースをつくりあげた上で、それを全市的に展開するという方針をもっています。

　このような方法は住民の理解と意欲を高め、行政からの押しつけでない公共施設の再編・統廃合を進めていく点では有益です。しかし、そこには大きな障壁が立っていることにも注意が必要です。まず、小学校を基軸にした公共施設の複合化の影響が及ぶ住民の範囲は決して小さくありません。それに対して、こうしたワークショップに実際に参加できる住民の数は非常に限られています。そのため、ワークショップでの成果が住民参加に基づくものとしてどれだけの正当性をもちうるのかという問題が生じます。次に、たとえワークショップを通じて優れた複合施設の計画づくりができたとしても、それを現実の建替えに際してどのぐらい尊重することができるのかが疑問である点です。つまり、このような公共施設の建替えにおいては一般にプロポーザル型の入札方式がとられることになります。そこでは、大手のゼネコンを中心としたJV（ジョイント・ベンチャー）が設計から建設までを提案してきます。そのような入札においては、価格や技術などの面で総合的に最も高い得点を得た企業体が落札することになりますが、その中に住民が策定したプランが一体どれだけ活かされるのかは不透明です。

　このような住民参加型のワークショップの実施においては、自治体としてその成果の現実における意義づけと活用の責任を強く認識することが不可欠です。

　（3）　秦野市
　秦野市（神奈川県）は人口約17万人の中都市であり、1950年代から合併を繰り返してきた歴史があります。この合併前の旧町村地

域の単位に現在も中学校区が対応しています。市域の半分は山林で、市街化されたエリアはそれほど広くはありません。高齢化率は約24％、一般会計の予算規模は約430億円となっています。

　秦野市の公共施設に関する取組は2008年度から始まっています。このときに、当時の企画総務部の中に特命組織として「公共施設再配置計画担当」を設置し、2009年10月に『秦野市公共施設白書』を公表します。そして2010年10月には「公共施設の再配置に関する方針」を策定しており、かなり早い時期から公共施設の再編・統廃合に取り組んできたことがわかります。『秦野市公共施設白書』はその後も2013年5月、2015年5月と3回にわたって発行されています。これらは300ページ以上にわたる詳細なものであり、多くの自治体でも参照されています。以下では主に2013年に出された白書に基づいて、秦野市の公共施設の取組をみていきたいと思います。

　秦野市の公共施設数は466施設であり、延床面積でみれば学校施設が60％、生涯学習施設が17％と教育関係の公共施設が非常に大きい割合を占めています。また、公共施設の52％が築30年以上（延床面積ベース）となっています。

　公共施設の財政状況についてみれば、2011年度に管理運営等に要した費用は約61億3,000万円であり、このうち一般会計分は約55億円、一般会計歳出総額の約12％を占めていました。施設別にみれば、学校教育施設の管理運営費が全体の約39％、生涯学習施設が約20％となっており、教育関連の施設で全体の6割近くにのぼっています。建設についてみれば、現在の公共施設の総量を維持し耐用年数に応じて建替えを行うと、2011年度以降の40年間において、5年ごとに約10億円から約200億円の建設事業費が必要になると試算されました。また改修についても、中学校の2011年から

の5年間がピークとなり、年間7億円以上の費用が発生するとされました。他方では、急速な少子高齢化によって、扶助費が増加するのに対して税収の減少は避けられず、公共施設に対して充当できる一般財源の減少は避けられないとしました。

そこで秦野市では、2033年の推計生産年齢人口9.6万人に焦点をあて、それと同じ水準にあった1985年のときの公共施設面積との比較を行い、当時は2033年の3分の2の水準に過ぎなかったとしました。

このような状況を考察し、秦野市は最終的には2011年度から2050年度までの40年間に公共施設を31.3％も減らす必要があると推計しました。さらに、これは更新費についてみたものであり、管理運営費用に関しても見直しが欠かせないことから施設の再配置が必要であるとしました。

そこで秦野市は公共施設に関する「4つの基本方針」として、①原則として、新規の公共施設は建設しない。建設する場合は、更新予定施設の更新を同面積（コスト）だけ取りやめる、②現在ある公共施設の更新は、できる限り機能を維持する方策を講じながら、優先順位を付けたうえで大幅に圧縮する、③優先度の低い公共施設は、すべて統廃合の対象とし、跡地は賃貸、売却によって、優先する施設整備のために充てる、④公共施設は、一元的なマネジメントを行う、を掲げました。このうち、③の公共施設の優先度とは、義務教育・子育て支援・行政事務スペースを「最優先」、アンケート結果などの客観的評価に基づき決定した施設を「優先」としており、教育施設について非常に重要視していることがわかります。また、共用面積削減のために複合化を重視している点も秦野市の特徴です。

秦野市が学校施設を重視している理由は、昭和の合併までの旧村単位の学校は現在でもコミュニティの中心になっていることがあり

ます。そのために、安易な統廃合については慎重な対応が必要であるとしており、これは自治体としての歴史的・社会的性格をうけたものだといえます。

　また、他の自治体と同様に秦野市でも複合化等にともなう公共施設の跡地については売却することを方針としてもっています。しかし、市街化区域内にある利便性の高い公共施設の土地については売却しないという考えも同時に抱いています。それは次のようなまちづくりの視点から出されています。秦野市が近い将来の高齢社会を想起するならば、社会福祉法人が市内に福祉施設を建設・運営して支えるしかありません。ところが、土地利用を市場に委ねれば、経済力の弱い社会福祉法人は施設建設の土地を地価の安い郊外部に求めることになります。しかし、それは高齢者やその家族、コミュニティにとって望ましいものとはいいがたいものです。本来的には、高齢者が市街地にある福祉施設で過ごし、そこに家族や近隣の子どもたちなどが気軽に行き来できるような姿こそが誰にとっても望ましいといえます。そうしたまちづくりを実現するためには、利便性の高い公共施設の跡地については自治体が必要とする社会福祉法人等に貸し出す方がふさわしい対応であると考えられたからです。

　秦野市の公共施設の取組は、長い時間をかけながら住民の中へと浸透してきており、徐々に再編等も進んできています。その過程において、秦野市はいまも根強く機能している自治会との連携を活用してきています。それは、市が公共施設の統廃合等が将来的に避けられない課題であるということを繰り返し自治会長に説明し、それを彼らが各自治会の構成員に伝えていくというやり方です。

　しかし、これだけの取組によってもまだ全体としては緒についたばかりだといえます。公共施設の再編・統廃合にはいかに粘り強い取組が欠かせないのかを秦野市の事例は示していると思われます。

3．個別施設マネジメントによる公共施設の廃止―浜松市―

　浜松市（静岡県）は人口約81万人の政令指定都市であり、面積が1,558km²と全国2位の市域をもつ自治体です。これは平成の合併によって3市・8町・1村という広域合併が行われたことによっています。現在の一般会計の予算規模は約2,900億円となっています。

　浜松市でも早い時期から公共施設の再編等の取組が行われてきました[26]。2008年に資産経営課および資産経営推進会議を設置し、「資産経営推進方針」を策定します。2010年には「再配置計画基本方針」、2011年には「適正化計画」「廃止計画」を公表し、その後は現在にいたるまでそれらの進捗管理が進められています。

　浜松市がこのように早くから公共施設の問題に取り組んできた背景には、①12市町村合併・政令指定都市移行に伴う保有資産の急増と施設再編の必要性、②厳しい財政状況下における老朽化への対応、③少子高齢化や人口減少など社会環境への対応、という要因がありました。実際に浜松市が2011年度の保有資産から将来の改修・建替にともなう経費を推計したところ、その後50年で年間約260億円（改修費約106億円/年、建替費約154億円/年）が必要となり、ここから道路等のインフラ整備を除いた公共施設については年間約90億円が必要になるとしました。その一方で財政についてみれば、大きな収入増は見込まれず、扶助費が年々増加傾向にあることが指摘されました。人口変化については、人口数の減少と少子高齢化がほぼ一貫して進むと推計されています。

　そのような中で、浜松市は2008年度に策定した資産経営推進方針に基づいて、すべての公共施設についてのデータベース化を行い

26　浜松市の事例については、担当者による次の論文でも詳しく紹介されています。松野英男「浜松市における資産経営の取り組みを通じて」（小島卓弥編著『実践 公共ファシリティマネジメント』学陽書房、2014年、所収）。

ます。そして、これに依拠して2009年度から「施設評価」と「再配置計画」を策定・公表し、2014年度までに施設数を20％削減するとしました。具体的な数字でみれば、全体で2001ある施設のうち、簡易な倉庫や観測施設等を除く1547施設に対して施設評価を行い、そのうち383施設を削減するとしました。そして2008年度から2014年度までに浜松市で削減される公共施設は413にのぼることになりました（図表10）。

　浜松市の取組の特徴は、計画に基づいてすでに多くの公共施設の削減を実施しているところにあります。ここまで現実に公共施設の廃止等を進めている自治体は他にはないと思われます。このような実践が可能になったのは、浜松市が実施した「施設評価」によるところが大きいといえます。

　浜松市は2009年度と2010〜2011年度の2回にわたって施設評価を実施していますが、これは各施設を個体として評価するものであり、施設ごとに職員数、支出・収入、利用状況、光熱水費などを過去5ヵ年分記載した「施設カルテ」が作成されました。この施設評価の段階において、すでに施設ごとに継続、移転、廃止などの案が決められています。それに基づいて全庁的な資産経営推進会議を通じて「施設評価（案）」を公表し、所管課、関係団体、利用者等からの意見収集が行われました。ただし、ここでの意見収集とは当

図表10　浜松市における公共施設の削減（2008〜2014年度）

	削減施設数	413施設	（主な施設）
ア	閉鎖	218施設	ホール、トイレ、庁舎（別館）、事務所、公民館、市民共同センターなど
イ	管理主体変更	140施設	自治会館など
ウ	譲渡（売却を含む）	23施設	宿泊施設、駐車場など
エ	貸付	32施設	学校など

出所）浜松市資料より作成

該公共施設の存廃についてではなく、施設評価に基づいて廃止が決定された公共施設の対応をどのようにするのかという点に関するものでした。かりに所管課が対象施設の廃止が不可能であると主張する場合には、それについての強い説明責任が求められました。このような手続きによって、浜松市ではすでに400を超える公共施設の削減を進めることが可能になりました。

　以上のプロセスは、相模原市などのような公共施設の全体マネジメントとは逆のものとなっています。つまり、通常は総論→各論というプロセスによって公共施設の再編・統廃合が行われていくことがほとんどであり、いま全国の自治体で策定されている公共施設等総合管理計画も同じパターンだといえますが、浜松市の場合には逆に各論から入ることで公共施設の廃止を先行させているのです。

　浜松市では廃止された公共施設の活用も進められています。例えば、合併した自治体の旧庁舎は外国人向けの学習支援センターや学校へ転用したり、NPO団体等へ貸し出されたりしています。また学校が廃止されたところでは、地域の自治会が簡易郵便局や診療所を誘致するなどの取り組みも進められています。

　一見強引に思われる浜松市の公共施設の廃止がここまで進んだ背景には、平成に行われた大規模合併との関係があります。浜松市は合併の際に北部にある広大な規模の町村と一緒になりましたが、それらにある公共施設は過疎対策の一環として行政主導でつくられたものが少なくありません。それらの中にはコミュニティの拠点としての機能が十分に発揮されていないものもあり、また高齢化が進んでいたことから、公共施設に対する全体的なニーズが小さかったという事情がありました。その一方では、浜松市の抱える中山間地域では公共施設の廃止と並行するかたちで当該地域の人口減少が急速に進んでいます。それは浜松市の将来の地域構造へとつながるもの

です。

　それに対して、浜松市の中心部の公共施設は住民ニーズの高いものが多くあり、それらについては廃止等が困難となっている状況があります。これについての取組は今後の課題となっています。

4．公共施設の住民自治計画―飯田市―

　飯田市（長野県）は人口約10万人の南信州の中心都市で、高齢化率は約28％にのぼります。市の一般会計の規模は約460億円となっています。

　飯田市は戦後から何度も合併を繰り返して現在の規模にいたった自治体です。その過程においては旧町村の自治を尊重し、旧町村単位で現在も15の自治振興センターを維持しています。自治振興センター内には地域自治区が設置され、そこに「地域協議会」と「まちづくり委員会」がおかれています。公民館活動も盛んであり、市公民館の他に、20地区公民館および103分館があります。

　飯田市には825の公共施設があり、それを延床面積ベースでみれば、学校（36％）、市営住宅（13％）、集会施設（9％）、高齢福祉施設（7％）の順になっています。公共施設の約61％が築30年以上となっており、老朽化も進んでいます。

　飯田市では公共施設に関する財政を次のように分析しています。公共施設の更新を築後60年とした場合、今後40年で約2,047億円（年間約51.2億円）の更新費用が必要となります。これは過去4年間の投資的経費の建物費用平均約12億円と比べた場合、年間約39億円が不足するという計算になります。これを築後80年更新に長寿命化したとしても、今後40年間の更新費用は約1,170億円（年間約29.3億円）となり、40年間で17億円近く毎年削減しなければならなくなります。これは延床面積の削減規模に換算すると約2割にの

ぼると見込まれていますが、飯田市ではあえて公共施設の廃止等の数値目標は出していません。なお、上記の推計では改修経費と維持管理経費の削減は考慮されていません。

　このような中で、飯田市は2015年3月に「公共施設マネジメント基本方針」を策定しました。ただし、これは詳細な「白書」ではなく、公共施設に関する基本的な政策方向のみを住民に提示したものです。それは、公共施設の検討そのものを第一義的な目的とするという市の方針に基づいたものです。他の自治体の公共施設文書とは異なり、人口推計についてもあえて示していないところにも特徴があります。その理由は、市内の各地区に将来人口のビジョンそのものを委ね、それらを総合計画に反映させたいという意向を持っているからです。

　飯田市の公共施設政策の特徴は、地域ごとの下からの計画づくりにあります。飯田市では公共施設を「全市的施設」と「地域施設」に分類し、前者には「目的別検討会議」、後者には「地域別検討会議」をそれぞれ設置することになっています。地域別検討会議に対しては、市は公共施設のデータを提供し、市民が主体的にそれらの利用方途（継続、長寿命化、廃止、集約、多機能化、民営化等）を検討するという手続きがとられます。つまり、飯田市では地域にある公共施設をどうしたいのかという意志を住民自身に問いかけているわけです。それは、住民に各地域の将来を自ら考えてもらうという自治の涵養の取り組みだといえるものです。

　飯田市の公共施設の統廃合はこれから本格的に進められます。2015年度から2019年度までを第1段階として、14施設分野（175施設）を優先検討施設として選定し、目的別検討会議と地域別検討会議を通じて施設の方向性の決定と具体的な見直しを行うとしています。続く2020年度から2024年度を目途として、市は全施設の方

向性を明確にするとしています。

　飯田市ではこれまでにも地域・住民との協働による公共施設の活用実践例がつくられてきています。例えば、①保育園について地域が出資して社会福祉法人を立ち上げ運営、②市が異なる部署で管理していた森林公園施設を地域が指定管理を受け総合的に管理、③小学校を地域の活性化推進協議会が指定管理を受けて管理運営し、観光施設・体験施設として再生（年間利用者4,000人）、④自治振興センター、地区公民館、JA支所を集約した施設整備の実施、などはその典型だといえます。こうした事例は全国的にみられるものですが、飯田市がそれらと違うのは、いまの公共施設の再編・統廃合の動きの中でこうした活用を全市的に展開しようとしている点です。

　飯田市のように、公共施設の将来計画を住民自治計画として明確に位置づける取組は多くはありません。そのような取組が可能となる歴史的背景には、公民館活動や都市内自治を実践してきた行政としての姿勢があるのは間違いありません。しかし、このような地域内の自治を重視する行政活動は近年多くの自治体でも取り組まれてきています。そのような成果の上に立って、公共施設の再編・統廃合等に取り組むことがあらためて求められているといえます。

5．公共施設と住民自治

　先行する自治体の取り組みの多くは相模原市のような公共施設マネジメントに関する包括的な白書づくりの段階にあります。行政サイドからみれば、これを公共施設政策の基本におくことは当然です。客観的な指標に基づいたマクロな状況は、自治体が将来の公共施設の再編等を進めていく際の前提条件を示すものだからです。このような上からの公共施設計画がまったくない中で個別具体的な取り組みを行うことは、自治体政策全体としての整合性を欠いたものに陥

りがちです。

　しかし、こうした計画があくまでも自治体が統治するためのマネジメントの手段であることは間違いありません。公共施設は本来的には住民の共有資産であり、社会経済状況に合わせてそれをどのように活用するかは最終的には住民の判断に委ねられるべき事柄です。とはいえ、これは原理的な議論であり、実際には住民が自律的に判断することには大きな困難がともないます。

　本章で取り上げた事例からも明らかなように、どの自治体においても人口減少と財政制約が不可避的に進んでいきます。そのような中で、結局のところ、自治体の公共施設政策はどのように行われていくべきなのでしょうか。

　この点では飯田市のように、公共施設のあり方を地域へ投げかけていこうとする試みは非常に参考になります。それは公共施設が住民のものであるという原点に立ち返ろうとするものであり、かつ、そのプロセスそのものを自己目的化することで住民自治の力を引き出そうとしているからです。これによって地域住民のもつ潜在的な自治力が発現し、地域社会の再活性化に必要な公民協働の取り組みが展開していく道筋が開ければ、ともすればマイナスの影響のみがイメージされる公共施設の再編・統廃合に対する評価が一変することにもなります。

　それ以外にも、さいたま市の住民参加型ワークショップや秦野市の自治会との連携は、住民による公共施設の計画づくりのための特徴ある手法だといえます。他の自治体でも、このような住民による計画づくりへ向けた取組に着手しているところもみられはじめました。このことが示しているのは、自治体による「上からのマネジメント計画」と住民による「下からの自治計画」を適切に融合することが、この課題にとって最も肝要であるということです。

終章　賢い縮小（スマート・シュリンク）へ向かって

１．縮小（シュリンク）する社会

　いま多くの自治体がかつてない規模での人口減少・高齢化を迎えつつあります。その流れの中で、国・自治体の財政は社会保障関係へとすでに大きくシフトしています。これは今後も当分続いていかざるをえない頑健な政策ベクトルです。

　このような中で、国や自治体はこれまで人件費や投資的経費の削減を進めてきました。しかし、人員削減や民間委託はほぼ限界にまできており、社会資本も老朽化が進んで一斉更新の時期がきていることから、これらの経費をこれ以上削減する余地はほとんどないといってよいでしょう。こうした状況で国が取り組みはじめたのが地方創生という名の地域の「選択と集中」であり、それと関係づけられた公共施設の再編・統廃合です。

　筆者は、いま何より必要なのはこのような人口や財政のシュリンク（縮小）の実態を冷静にうけとめ、そこから将来の地域のあり方を住民一人ひとりが考え抜くことだと思っています。シュリンクするという現実を受け入れなければ、自治体はふたたび勝ち目のない企業（工場）や公共事業の誘致合戦に奔走し、地域の経済社会を混乱に陥れていくかもしれません。そのような「ギャンブル政策」ではなく、自分たちの地域を自分たちでどのようにしていくのかを住民自らがしっかりと考えていかなければなりません。

　社会がシュリンクする状況はたえず進行しているため、できるだけ早く対策を打つ方がよいのは確かでしょう。公共施設の再編・統廃合においてもできるだけ選択肢が多い段階で検討に入るべきです。

選択肢がなくなるような状況は、すでに地域がただ単に衰退しているだけの状態だといえます。しかし、それに対して自治体が拙速に対応をとることは明らかに誤りです。それはスマート・シュリンク（賢い縮小）の観点からみて、失敗することが避けられないからです。

2．スマート・シュリンク（賢い縮小）

スマート・シュリンク（賢い縮小）とは、もともと都市計画の分野で使われてきた用語で、地域の社会資本や住宅エリアの撤退戦略を意味するものとして使われてきました。筆者はこれをより広い文脈でとらえ、合意、納得、信頼の構築などの住民の心理的側面までを含むものとして使っています。以下では、実際の事例にも即しながら、公共施設の再編・統廃合を通じたスマート・シュリンクにとって必要な要素を考えていきたいと思います。

（1）まちづくり

公共施設が地域と密接な関係があることは繰り返し述べてきましたし、一般的にもそのようにとらえられているといえます。しかし、点としての公共施設が地域の中に内包され、その不可分の要素として認識されているケースはそれほど多いとはいえません。とくに行政からみれば、各公共施設は自治体の中のそれぞれの地域の暮らしを支えるための手段としてとらえられているものであり、地域そのものの重要な構成要素であるという視点は非常に希薄です。

自治体の中には、直面する少子化の中で公立保育所や公立幼稚園の廃止を進めているところが少なくありません。筆者もそのような自治体の関係者から話をきくことが何度かありましたが、そのときに気づいたのは、住民の多くが保育所や幼稚園の廃止反対を訴えつつも、その内実は「まちづくり」を主張していることが多い点でし

た。個々の保護者からすれば自分の子どもの保育や教育がどうなるのかが直接的な関心事ではあるのですが、その射程が施設の中だけにとどまらずに、地域や近隣の人々とのつながりにまで及んでいるのです。そのような住民の方に話をきくと、たとえば「これだけ子どもが少なくなっている中で保育園の廃止は仕方ないと思っている。にもかかわらず、私たちが反対しているのは、保育園が廃止された後のまちづくりのあり方を自分たちに考えさせてくれないからだ」といった言葉が出てきます。

　第4章でみた秦野市では、将来の地域福祉の観点から中心市街地にある公共施設の跡地については社会福祉法人に貸し出すという方針をもっていることを紹介しました。これも、公共施設とまちづくりとの関係を明確にしたものです。公共施設の再編・統廃合をまちづくりと一体のものとして捉え、その将来のあり方の検討を全地区に求めているのが飯田市です。

　まちづくりの視点を欠いた公共施設の再編・統廃合は、住民の暮らしの水準を悪化させるだけに終わる可能性が強くなります。住民の生活水準を維持し、さらには住民自治の強化と地域の活性化をはかっていくためにも、公共施設の問題をより広いまちづくりの文脈の中に落とし込むことが必要です。

（2）　歴史的価値

　それぞれの公共施設には現在までの長い歴史が刻み込まれています。公共施設の再編・統廃合はそれらの歴史を断絶してしまう可能性をはらんでいます。だとすれば、そうした歴史を斟酌することなく、公共施設を廃止してしまうことがあってはならないでしょう。

　歴史を振り返ることは住民自治を強靭なものへ鍛えるための重要な手段です。このことは、平成の合併に際して、反対住民の多くが

本音のところで抱いていたのは、自分たちの故郷（＝自治体）を失うことへの葛藤であったことにもあらわれています。歴史を断絶することは先人が築いてきた地域の承継を放棄することにほかなりません。

　この問題について、最近の事例として挙げられるのが、東大阪市の住民による取組です。それは、東大阪市が2013年11月に策定した「東大阪市公共施設再編整備計画」の内容に反対し、学習を通じて自分たちとして公共施設のあり方を提起したものです。(27)

　この取り組みについては中山徹が適切にまとめています。(28)ここではそれにしたがって内容を紹介したいと思います。

　東大阪市の住民らが策定した行政の計画への対案『価値あるものがもっと輝く素敵な街へ』は、公共施設を東大阪市の歴史の中に位置づけなおし、それによって自治体の歴史的価値を高めようとした点に特徴があります。それらは、①東大阪の歴史を振り返り、公共施設がその場所に立地する意味を検討したこと（移転・統合対象とされている郷土博物館が古墳群の中に立地している意味など）、②公共施設が存続しつづけている歴史的価値を再評価し、それを老朽化ととらえるのではなく、歴史的価値の凝縮としてとらえ直したこと（撤去対象とされている旭町庁舎はモダニズム建築の代表作であり、耐震改修すべきことなど）、③公共施設の価値を他の民間施設との関係でとらえること（鴻池新田会所が周辺に現存する町家やお祭りと一体で歴史的な価値を維持しているように、公共施設の社会的役割を把握・発展させることなど）にまとめることができます。最後の点は、先ほど述べたまちづくりの視点に歴史性が加わったものだといってよ

27　東大阪まちづくり研究会『価値あるものがもっと輝く素敵な街へ』2014年。
28　中山徹「公共施設再編整備計画と東大阪での市民的取り組み」（『季刊　自治と分権』第60号、2015年7月、所収）。

いでしょう。

　東大阪市民は、このような学習の成果を通じて、地域の歴史的価値が公共施設やその他の建物と、それらに関連する人々の営みによって維持されていることを明らかにしています。それは、地域における公共施設の学習を通じた「過去の民意」との対話といえるものです。

　自治体には多くの歴史的な公共建築物があり、そこには様々な先人の思いが込められています。例えば、大阪市の橋梁には演劇の舞台のように建造されているものがありますが、そこには市民が主人公として暮らしてほしいという思いを感じ取ることができます。大正モダニズムを代表する大阪市中央公会堂（中之島公会堂）には大大阪とよばれた往時の誇りがこもっています。このような歴史を学ぶ前と後では、これらの公共施設等の評価が180度変わることがあります。ということは、私たちが公共施設の再編・統廃合などに際して理性的に判断しようとすれば、その建物や地域、さらには関係する人々について学習することが不可欠だということになります。

　歴史的価値の認識があれば、たとえ公共施設を廃止するとしても、その「記憶」をきちんと引き継いでいくことが可能になります。たとえば、地域住民による公共施設の転活用はその一例です。そうした積み重ねによって、地域を持続させていくことができるスマート・シュリンクが展望できるのです。

（3）　納得から融和へ

　スマート・シュリンクの最後の要素が「融和」です。

　自治体において公共施設の再編・統廃合が避けられないとしても、それを行政が上から強権的に推し進めてはならないのは当然です。そうならないために最も必要なことは、それによって影響をうける

住民の「納得」です。公共施設の廃止等が住民の納得のないままに進められれば、行政と住民との間に深刻な対立感情が発生します。それは自治体全体を不安定なものにし、行政と住民が協力して地域づくりを進めていく土台を浸食してしまいます。住民による「下からの自治計画」が重要なのは、突き詰めればこのような「納得」が高いレベルで得られるからにほかなりません。

しかし、たとえば同じ種類の公共施設を集約する場合を考えれば、公共施設を受け入れる地域の住民は「勝ち組」、移転を強いられる公共施設の近隣住民は「負け組」となることは避けられません。これに対しては、同じ自治体や地域の住民なのですから、このようなことで対立感情を抱くことはできるかぎり避けなければなりません。かりに、そのような対立感情が存在しないところまでの納得が得られれば、それは「融和」という言葉で表現するのがふさわしいと思われます。

この問題を考えるうえで、非常に優れた実践を行ったのが阿智村（長野県）です。それは、阿智村と清内路村（当時）との中学校の統合問題の事例です。この事例は異なった自治体同士の公共施設の統合であったため、自治体の中の公共施設の問題よりもずっと大きな困難があったものです。

清内路村は2009年3月まで存在した村であり、当時の人口は720人程度の小規模自治体でした。2007年度の財政力指数は0.08であり、歳入総額約10億円に対して税収はわずか4,000万円ほどしかありませんでした。このときの実質公債率が23％を超えていたことからもわかるように、当時の清内路村は深刻な財政難に悩まされていました。その原因は農業集落排水事業と清内路中学校への過大な建設投資にありました。清内路中学校は築後10年ほどしか経っていない新しいもので、温水プールを完備した建物でした。

終章　賢い縮小（スマート・シュリンク）へ向かって　83

　財政難に苦しんでいた清内路村は、となりの阿智村へ合併を申し入れます。しかし、阿智村は、①阿智村単独での自立計画を遂行するうえで、財政計画が狂ってしまう、②自律力のない清内路村は合併されると地域社会が崩壊する、という二つの理由から合併を拒否します。その一方で、阿智村は清内路村への学校給食の供給などの支援を実施していきます。そのような中で、2010年に完成する阿智中学校の改築に合わせ、清内路村に対して中学校の統合（＝清内路中学校の廃校）を打診します。清内路村は住民の思いがこもった清内路中学校の存廃について悩み抜いた末に、阿智中学校への統合を決断しました。

　この段階は、清内路村の住民による「納得」のレベルであるといえます。しかし、阿智村はこの段階を超えて、清内路村との「融和」を積極的にはかっていこうとします。

　阿智村では、これから阿智中学校の生徒として清内路村から通ってくる子どもたちやその保護者に対して何ができるかを議論します。隣村の中学校へ通わなければならなくなった彼らの不安を解消し、阿智中学校の生徒になったことをむしろ喜んでもらえるためにできることは何かを検討していきます。その結果、阿智村の住民はなんと阿智中学校の校歌を変更したのです。それは、もともと阿智村の自然や子どもたちのことしか歌っていなかった歌詞に、清内路村の自然のことなどを新たに歌詞として取り込んだのです。これを知った清内路村の住民は、清内路中学校の子どもたちが阿智村で温かく迎え入れられ、多くの友達にも恵まれることに安堵と喜びを感じたといいます。

　これは、「勝ち組」「負け組」を超えた双方の「融和」のレベルとみなすことができる状況です。このような経緯をへて、その後に清内路村は阿智村に編入合併されることになりました。

こうした取り組みはそれほど簡単に進められるものではないかもしれません。しかし、住民相互の信頼関係を維持さらには発展させるためには重要なことです。公共施設の統廃合はこれから全国のあちらこちらで進んでいきます。その際には、このような「融和」を目指した取り組みも重視していくべきではないでしょうか。それはスマート・シュリンクのための重要かつ積極的な要素となるものだからです。

3．国への対峙と自治の視点

　公共施設が売却された地域ではすでに様々な問題が起こりはじめています。たとえば京都市では、財務省の跡地に大手デベロッパーが1戸当たり7億円（西日本で最高価格）の部屋を抱えるマンションの開発を進めています。御所の東の鴨川に面した京都屈指のエリアに立つこのマンションの大半は富裕層の別荘になる予定だといわれています。これは公共施設の跡地に民間事業者による大型開発が見事に合致した事例であり、まさに国のいう地方創生のお手本でしょう。しかし、京都の街並みが特定の富裕層のためだけに消費される状況に反対する市民も多くいます。それは、自分たちが守ってきた景観を特定の富裕層だけが享受することに対する社会的不平等に対する感情に他なりません。

　国が推し進めている地方創生では、周辺地域では積極的にコンパクト化や縮小をはかっていき、それによって浮いた資源を中心都市へ振り向けることで開発を進めようとしています。その主要な手段として公共施設の再編・統廃合が使われようとしています。しかし、その結果が必ずしも中心都市の住民にとって良いものではないことは、このような京都市の事例からも推察されます。

　国が国家的・政治的な目論みから自治体を動かし、地域を改変し

ようとする動きに対して、私たちは警戒を怠ってはなりません。そのような国による政策を批判的に検討・利用する中で、地域の活性化を推し進めていかなければなりません。住民や自治体は国のために存在しているのではなく、住民のために自治体が存在し、それを支える役割が国にはあります。そのように考えるならば、いまの地方創生と公共施設に対する政策が倒錯したものであるのは間違いありません。そのことは、自治体が具体的な公共施設政策を進める中で、住民との軋轢というかたちであらわれてくる可能性を示唆することにもつながっています。

　いま自治体に求められているのは、住民の暮らしと自治の視点にたって、あらためて公共施設の再編等のあり方や地方創生の政策メニューの活用の仕方を考えることです。公共施設の取り組みはこれから数十年もの長期にわたるものです。拙速を回避し、いま一度住民自治の原則に立ち返って、この問題に取り組むときにきています。

あとがき

　これまで社会資本の研究はインフラ施設が中心で、公共施設については ほとんど体系的に扱われることがありませんでした。それは、公共施設がインフラ施設に比べてはるかに多くの分野にまたがっており、しかも混合財とよばれるように公共と民間が並存するグレーゾーンに多くあることから、学術的な取扱いが難しかったことによると思います。しかし、公共施設の再編・統廃合が現実の政策によって推し進められつつある中で、公共施設の問題をきちっと論じていくことが喫緊に求められています。

　本書では、いまの公共施設をめぐる状況や課題をできるだけ総体的にとらえようとしました。いま政府が発表している地方創生、財政、公共施設などに関する文書はきわめて膨大であり、これに各自治体が出しているものを加えると、相当な時間とエネルギーをかけなければ本テーマを正確に論じることは至難です。しかし、そのような状況に流されていると、事態はどんどん進行していくことになります。そこで、本書ではこれまで筆者が行ってきた調査や資料の分析をもとにして、現時点での知見をわかりやすくまとめようとしました。

　これまで筆者は公共施設のテーマで何度か講演をする機会がありました。その中で、ある地方議員の方からの発言が忘れられないものとして残っています。それは次のようなものでした。「今日の先生の話で公共施設に関して何が起こっているのかがよくわかった。地方創生、人口問題、地方財政制度改革、自治体財政、立地適正化計画など、どれも重要であることが理解できた。いろいろな自治体

の取組事例についても大いに参考になった。しかし、今日の話を聴いて、私は議員を続ける自信を完全に失った。議員を辞めなければならないのではないかと思うほどだ」。

　私はこのときにハッと気づかされました。それは、いま一番大変なのは、地方創生や公共施設の問題に真剣に立ち向かおうとしている地方議員や自治体職員であること、そして、それがいずれは住民に及んでくるのだということについてでした。その議員の方に対して、私は「そういう感覚を持たれた議員さんががんばらなければ、地域と住民の暮らしは守れないと思います」とお返事したことを覚えています。

　実は、本書の執筆の過程では、その議員の方の言葉がたえず頭にありました。本書が、いまの自治体をめぐる情勢によって潰されそうになる関係者の自信を少しでも支えるものになってほしいと願いました。

　本書の内容には、多くの自治体職員の方々による協力が反映されています。この場をかりて、あらためてお礼申し上げます。また、自治体調査をアレンジしてくださり、本書の完成にまで導いてくださった自治体問題研究所と自治体研究社のみなさんには心から感謝したいと思います。それと同時に、歴史的都市である大阪市の廃止分割（＝大阪都構想）への反対運動のために、本書の完成予定が大幅に遅れてしまったことをお詫びしなければなりません。ただし、その過程で学んだことは本書の中にいくらか反映されていることも付記しておきたいと思います。

　　2015年12月　　大阪の茨木市にできた新しいキャンパスで

　　　　　　　　　　　　　　　　　　　　　　　　森　　裕之

〈著者〉

森　裕之　（もり　ひろゆき）

　1967年大阪府生まれ。大阪市立大学商学部、同大学院経営学研究科後期博士課程中退後、高知大学助手。その後、高知大学専任講師、大阪教育大学専任講師・助教授をへて、2003年から立命館大学政策科学部助教授。2009年より同教授。

　財政学とくに地方財政と公共事業を専攻。また、社会的災害（アスベスト問題など）についても公共政策論としての立場から考察。

〈主な著作〉　『大都市自治を問う：大阪・橋下市政の検証』（共編著）、学芸出版社、2015年
　　　　　　『2015秋から大阪の都市政策を問う』（共著）、自治体研究社、2015年
　　　　　　『これでいいのか自治体アウトソーシング』（共編著）、自治体研究社、2014年
　　　　　　『検証・地域主権改革と地方財政』（共著）、自治体研究社、2010年
　　　　　　『公共事業改革論』有斐閣、2008年
　　　　　　『財政健全化法は自治体を再建するか』（共編著）、自治体研究社、2008年
　　　　　　『新型交付税と財政健全化法を問う』（共著）、自治体研究社、2007年
　　　　　　『検証「三位一体の改革」』（共著）、自治体研究社、2005年

『公共施設の再編を問う─「地方創生」下の統廃合・再配置─』

2016年2月15日　初版第1刷発行

著　者　森　裕之
発行者　福島　譲
発行所　**自治体研究社**
　　　　〒162-8512 新宿区矢来町123 矢来ビル4F
　　　　Tel：03-3235-5941／Fax：03-3235-5933
　　　　http://www.jichiken.jp/
　　　　E-Mail：info@jichiken.jp

ISBN978-4-88037-647-9 C0031

デザイン：アルファ・デザイン
印刷：中央精版印刷株式会社

地方創生政策はどのような論理と手法で自治体を再編していくか

地域と自治体 第37集
地方消滅論・地方創生政策を問う

岡田知弘・榊原秀訓・永山利和 編著　本体 2700 円＋税

●主な内容●

第1部　地方消滅論の本質
「地方消滅」論の本質と「地方創生」・道州制論(岡田知弘)／地方分権論と自治体間連携(榊原秀訓)

第2部　地方消滅論の源泉
社会福祉法制の転換と市町村福祉の危機(伊藤周平)／人口減少社会に向けた農村・都市・国土計画(中山徹)／国土開発計画とグランドデザイン(山﨑正大)／二層制地方自治―都道府県の意義と役割(村上博)／全体の奉仕者からの変質(鎌田一)／地域の再生へ、公共サービスを担う自治体職員の役割(久保貴裕)

第3部　自治体消滅論と税財政・地域経済
地方財政と「地方創生」政策(平岡和久)／日本の税財政とこの国のかたち(鶴田廣巳)／地域経済　州都中核と周辺(入谷貴夫)／持続可能な地域経済再生の展望と課題(吉田敬一)

第4部　道州制推進と経済成長戦略
改憲・道州制推進と経済成長戦略(永山利和)

自治体研究社　〒162-8512 東京都新宿区矢来町123 矢来ビル4F
TEL 03-3235-5941　FAX 03-3235-5933　http://www.jichiken.jp/　E-mail info@jichiken.jp

---

自治・平和・環境

宮本憲一 著　A5判　本体 1111 円＋税

戦争立法、辺野古新基地建設、原発再稼働など歴史的岐路にたつ課題について、憲法と地方自治の視点から批判的に問う。民主主義と自治なくして平和を守れない、平和なくして環境を守れない！

主な内容

Ⅰ　転換期に立つ日本社会
　1　安全保障と地方自治─辺野古新基地建設反対の民主主義／2　原発災害─予防原則から再開阻止を／3　大阪都構想とその否決以後

Ⅱ　憲法と地方自治―戦後史の教訓
Ⅲ　自治・平和・環境をもとめて
Ⅳ　足元から維持可能な社会を

日本国憲法の地方自治
この「多重危機」のなかで考える

杉原泰雄　本体 926 円＋税

日本国憲法をわかりやすく解説し、憲法が保障する地方自治の役割を明らかにする。

自治体研究社　〒162-8512 東京都新宿区矢来町123 矢来ビル4F
TEL 03-3235-5941　FAX 03-3235-5933　http://www.jichiken.jp/　E-mail info@jichiken.jp